EINE KULINARISCHE ENTDECKUNGSREISE

Tiroler Oberland

und Außerfern

Barbara Kagerer Daniel Schvarcz

EINE KULINARISCHE ENTDECKUNGSREISE

Tiroler Oberland

und Außerfern

Umschau

BLICK AUF DIE WETTERSTEINWAND

INHALT

10 KARTE

13 VORWORT BARBARA KAGERER

16 STADT. LAND. FLUSS.

20 CAFE UND HOTEL CENTRAL

22 RESTAURANT WOODFIRE

24 SOLOVINO/SOLOPASTA

26 RESTAURANT & BAR DIE MÜHLE

28 HOTEL-RESTAURANT DIANA

30 WOODS KITCHEN & BAR

32 FOR FRIENDS HOTEL

36 HOTEL QUELLENHOF LEUTASCH

38 NATURWIRT

40 ROMANTIK-HOTEL SPIELMANN

42 LANDHOTEL HOHENFELS

44 TRAUMHOTEL LIEBES ROT-FLÜH

46 NATURHOTEL LECHLIFE

48 LECHTALER HAUSSEGEN EDELBRÄNDE

52 DORF. ALM. GLETSCHER.

56 ORANGERIE STIFT STAMS

58 HOTEL UND GASTHOF HIRSCHEN

60 HOTEL RITZLERHOF

62 GASTHOF GRAUER BÄR

64 TOP HOTEL HOCHGURGL

66 ALPEN-WELLNESS-RESORT HOCHFIRST

68 HOTEL EDELWEISS & GURGL

70 HOTEL POST

72 DER PITZTALER KIRCHENWIRT

74 CAFÉ 3.440, RESTAURANT KRISTALL, SUNNA ALM

DIE ISAR NAHE DER QUELLE BEI SCHARNITZ

INHALT

78 BERG. TAL. PASS.

82 POST GASTHOF GEMSE
84 MAASS BRAND
86 HOTEL & RESTAURANT MONTANA
88 FISSER BERGGASTRONOMIE
90 HOTEL TROFANA ROYAL
92 TOP HOTEL SONNE
94 BÄCKEREI KONDITOREI KURZ
96 HOFKÄSEREI HUBER/HOTEL ALMHOF
98 BRENNEREIDORF STANZ
100 HOTEL TANNENHOF
104 HOTEL SCHWARZER ADLER
106 ARLBERG1800 RESORT
110 HOTEL POST

114 REZEPTE AUS DER REGION

144 ADRESSVERZEICHNIS
149 REZEPTVERZEICHNIS
152 IMPRESSUM

TIROLER BERGPANORAMA AN DER PLEISENHÜTTE BEI SCHARNITZ

KARTE

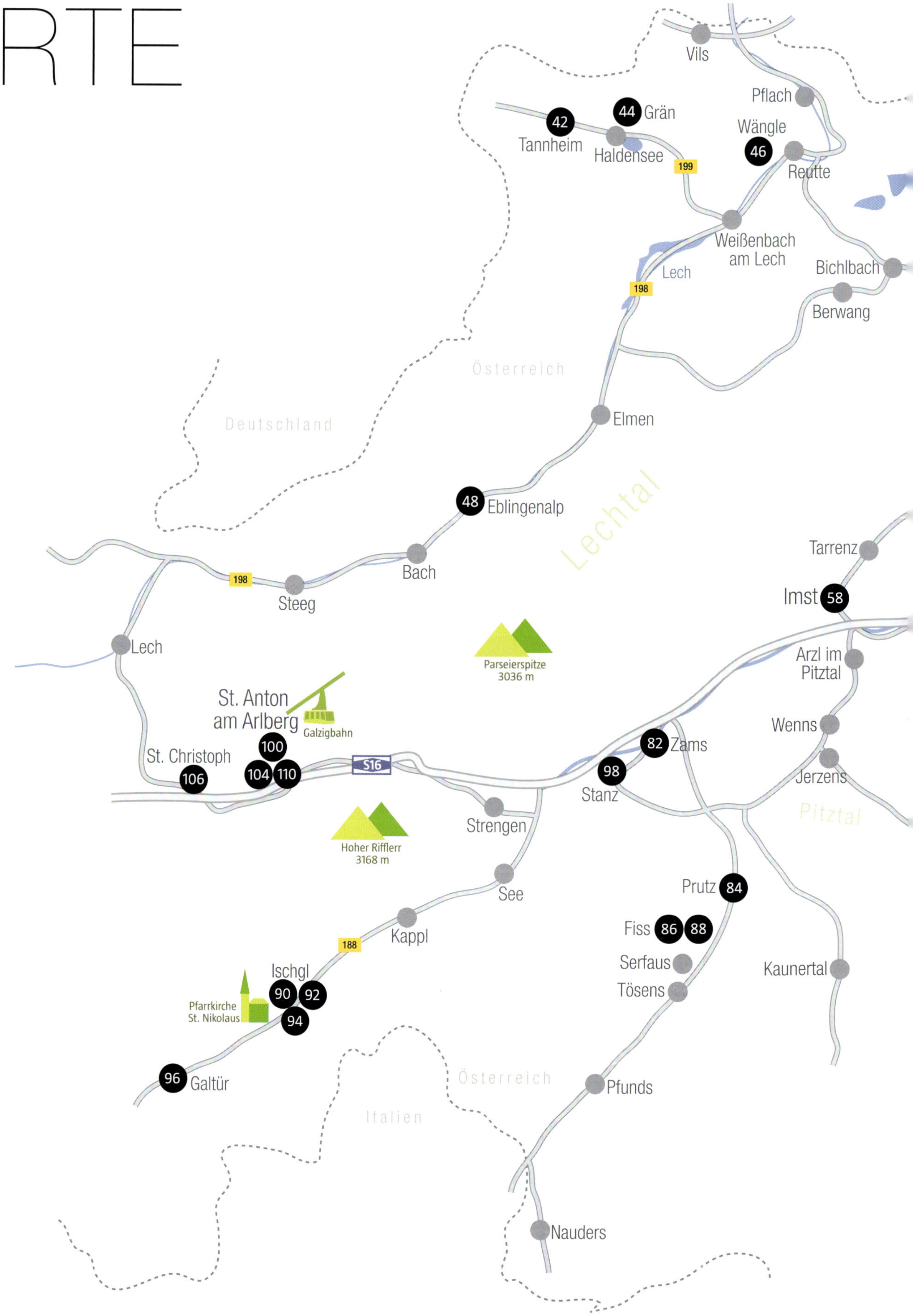

Vils
Pflach
Gran
Tannheim
Haldensee
Wängle
Reutte
199
Weißenbach am Lech
Lech
198
Bichlbach
Berwang
Österreich
Deutschland
Elmen
Eblingenalp
Lechtal
Bach
Steeg
198
Lech
Tarrenz
Imst
Arzl im Pitztal
Parseierspitze 3036 m
St. Anton am Arlberg
Galzigbahn
St. Christoph
S16
Wenns
Zams
Stanz
Jerzens
Pitztal
Strengen
Hoher Rifflerr 3168 m
See
Prutz
Fiss
Kappl
188
Serfaus
Ischgl
Kaunertal
Tösens
Pfarrkirche St. Nikolaus
Galtür
Österreich
Pfunds
Italien
Nauders

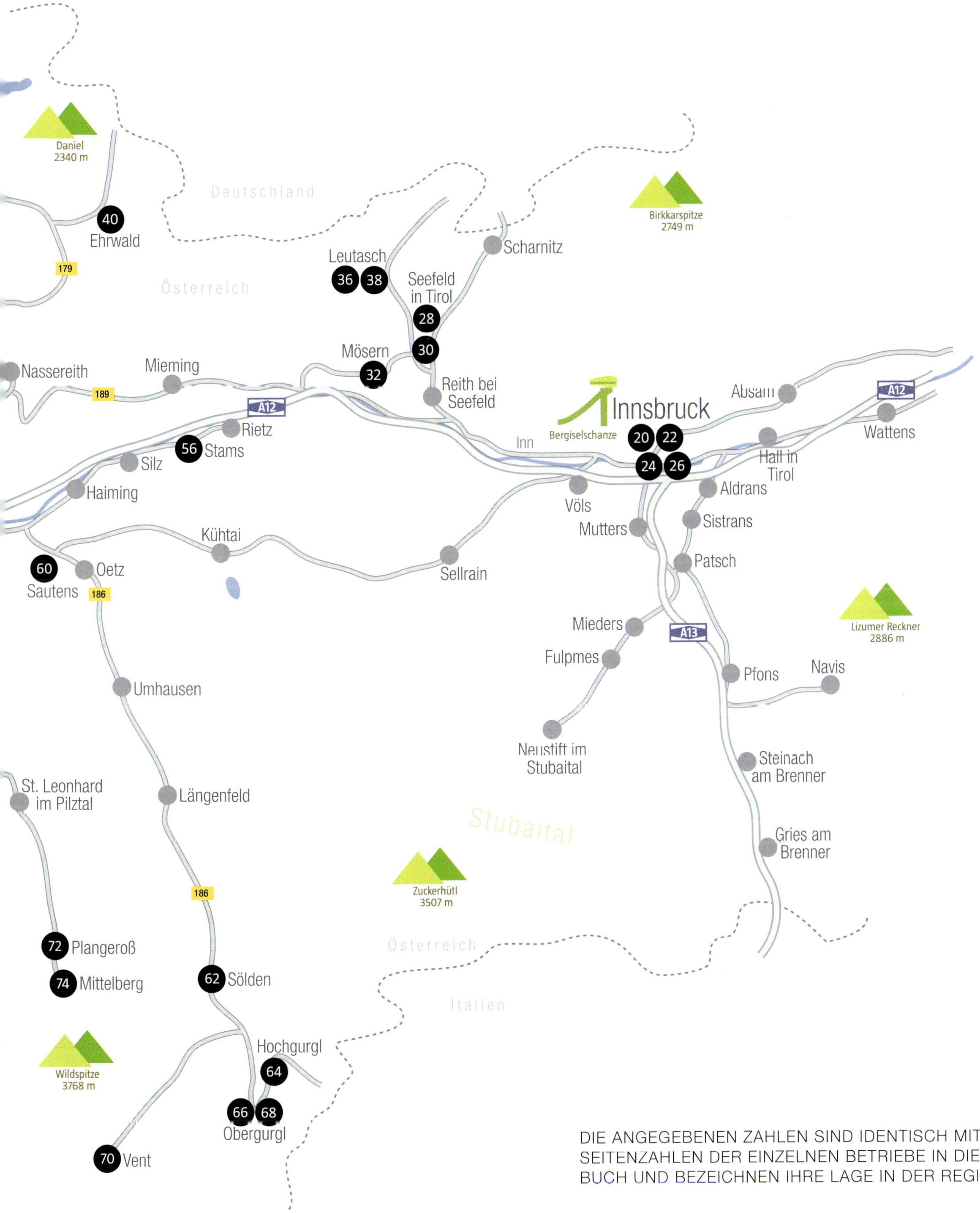

DIE ANGEGEBENEN ZAHLEN SIND IDENTISCH MIT DEN SEITENZAHLEN DER EINZELNEN BETRIEBE IN DIESEM BUCH UND BEZEICHNEN IHRE LAGE IN DER REGION.

BLICK AUF DIE ORTSCHAFT OETZ IM ÖTZTAL

VORWORT

Es war eine Fahrt in den Sommer hinein, diese kulinarische Entdeckungsreise durch das Tiroler Oberland und das Außerfern, auch wenn der Winter so manche der urgewaltigen Täler lange fest im Griff behält. Die eindrucksvollen Landschaften zeigen sich zu jeder Jahreszeit und auch jeden Tag anders. Neben Wintersport und Bergwandern gehört der lukullische Genuss wohl zu den Höhepunkten in den Oberland-Regionen um Reutte, Imst und Landeck. Innsbruck als Tiroler Landeshauptstadt wollte ich mir zudem nicht entgehen lassen.

Als Bayerin habe ich viele Gemeinsamkeiten mit den Tirolern erleben dürfen, ein gutes Gefühl allemal. Menschen und Orte und Almen und Wiesen und Berge zum „Runterschauen". Oft hat es geheißen „bleib a bissl". Gerne bin ich geblieben, um das kleine Glück der einfachen Dinge zu genießen. Wie wichtig es ist, die eigene Geschichte und das Brauchtum zu bewahren, das wird in Tirol besonders deutlich. Bodenständig und heimatbewusst, zugleich modern und zukunftsweisend sind die Tiroler, pflegen mit Herzblut ihren „Fremdenverkehr", in dem der Fremde schon lange kein Fremder mehr ist, sondern ein familiär willkommener Gast. In diesem, für viele wohl schönsten Teil Österreichs verstanden es die Leute schon immer, gut zu kochen und zu essen. Auf eines kann man sich verlassen: Geschmack und Leidenschaft, moderne Vielfalt und Tradition, Sinn für Qualität, frische und köstliche Zutaten, im Reigen der Jahreszeiten mit viel Mühe aus der heimatlichen Erde gewonnen.

Mein großer Dank gilt meinem „Herbergsvater" Dr. Bernhard Heitzmann und seinen Mitarbeitern im Hotel Quellenhof in Leutasch, die mir gezeigt haben, was es bedeutet, ein rundherum zufriedener Gast zu sein; dem Fotoautoren Daniel Schvarcz für seine wunderbaren Aufnahmen und dem Kulturjournalisten Alfred Brems, der wie immer an meiner Seite war.

Barbara Kagerer

Barbara Kagerer

ABENDLICHER PANORAMABLICK ÜBER DIE STADT INNSBRUCK

AN DER ROSSHÜTTE BEI SEEFELD

STADT. LAND. FLUSS.

Rund um die historische Altstadt und den mit feuervergoldeten Kupferschindeln gedeckten Prunkerker „Goldenes Dachl", das Wahrzeichen von Innsbruck, wird das Stadtbild von vielen verwinkelten Gassen, schönen Plätzen, spätgotischen Bürgerhäusern und der Kaiserlichen Hofburg geprägt. Herzog Friedrich IV. machte Innsbruck 1420 zur Residenzstadt. Das wirtschaftliche Aufblühen der Innmetropole begann aber schon viel früher, als „Inspruke" (die „Brücke am Inn") 1187 das Marktrecht verliehen bekam. Der gesamte ostalpine Handelsverkehr über den Brenner nach Italien nahm seinen Weg durch die Tiroler Landeshauptstadt. Heute gesellt sich moderne Architektur zu den historischen Bauwerken. So wurde auch die noble Maria-Theresia-Straße zur international belebten Fußgängerzone.

Die Seefelder Hochfläche, schon in vorgeschichtlicher Zeit besiedelt, ist vor allen Dingen wegen der vielfältigen, großartigen Wintersportmöglichkeiten berühmt. Bereits zweimal war die Olympiaregion Seefeld Austragungsort der Olympischen Winterspiele. 2019 werden sich dort die besten Skifahrer der Welt bei der nordischen Ski-WM messen. Besonders im Sommer tragen die idyllischen Seen – darunter die Naturphänomene Wildmoossee und Lottensee – wesentlich zur landschaftlichen Schönheit bei. Eingebettet in ein Naturschutzgebiet liegt der Möserer See, einer der wärmsten Badeseen im Land. Mösern wird auch liebevoll „Schwalbennest Tirols" genannt, das durch seine exponierte Lage und den weiten Blick ins Inntal schon Albrecht Dürer und Johann Wolfgang von Goethe auf ihren Reisen inspirierte. Hier hängt auch die Friedensglocke, deren Klang jeden Tag pünktlich um 17 Uhr weit ins Oberinntal hineinschwingt. Sie gilt als Symbol der guten Nachbarschaft im Alpenraum.

Leutasch erstreckt sich mit seinen vierundzwanzig Ortsteilen über ein sonniges, kilometerweites Hochplateau. Die gewaltigen Gipfel des Wettersteingebirges umrahmen die große, von eiszeitlichen Gletschern geformte Felswanne. Die von Naturgewalten geschaffene Klamm, durch die die Leutascher Ache fließt, beschreiben die Einheimischen als geheimnisvolle „Geisterklamm". Sie entspringt im Mieminger Gebirge auf dem Gemeindegebiet von Ehrwald am Fuße der Zugspitze. „Grias Di" heißt es hier in der Zugspitzarena, in der sich die „Sonnwendfeurer" zusammengetan haben. Sie gestalten die spektakulären Bergfeuer, die jedes Jahr in einer Juni-Nacht in bis zu zweihundert Meter hohen unterschiedlichen Motiven erstrahlen.

Vermutlich leitet sich der Name von „Außer dem Fern" (Fernpass) ab: Das Außerfern umfasst die Region um Reutte, das an der alten römischen Handelsstraße Via Claudia Augusta liegt, die Deutschland mit Italien verband. Der Talkessel wird von den imposanten Gebirgszügen der Lechtaler und Allgäuer Alpen geschützt. Hier bahnt sich der letzte Wildfluss der Nördlichen Kalkalpen seinen Weg – der Lech. Als gebürtiger Vorarlberger durchfließt er das Alpental und prägt Land und Leute an seinen Ufern. Die Bergwelt, der Fluss und die bäuerliche Kulturlandschaft verschmelzen zu einer ganz besonderen, unverwechselbaren Landschaft. Im oberen Lechtal liegt „das Duarf" Elbingenalp, die älteste Ansiedlung dort. Von hier stammte die Kunstmalerin Anna Stainer-Knittel, die auch durch ihren Heldenmut, Leichtsinn und ihre Liebe zu den Bergen als „Geierwally" bekannt wurde.

Der Reuttener Hahnenkamm thront über dem Haufendorf Wängle, das mit den umliegenden Weilern weitgehend zusammengewachsen ist. Der Gebirgskamm gehört zu den Tannheimer Bergen, deren Namensgeber der Hauptort Tannheim im gleichnamigen Hochtal ist. Wie ein blauer Tintenfleck liegt der Vilsalpsee da, umgeben vom Grün der Nadelwälder, die am beeindruckenden Bergaicht-Wasserfall enden. Die Gipfelnamen rundherum erzählen Geschichten, wie etwa die von der Rote Flüh, deren Gestein bei Sonnenuntergang in einem flammenden Rot über dem Tal leuchtet.

DER FLUSS LECH IM LECHTAL BEI MARTINAU

KAWAI

KAFFEEHAUSTRADITIONEN

„Sie haben's gut, Sie können ins Kaffeehaus gehen." (Kaiser Franz Josef I.)

GEDÜNSTETES RAGOUT VOM TIROLER HIRSCH
Dieses Rezept finden Sie auf der Seite 130

Kein anderes Café im ganzen westlichen Österreich kann das Cafe Central in Innsbruck mit einer glanzvolleren Geschichte übertreffen. 1877 öffnete es erstmals seine Pforten. 1928 im typischen Alt-Wiener Kaffeehausstil ausgestattet, staunten alle über den Prunk und die Pracht der Räumlichkeiten. Aufwändige Stuckornamente, marmorierte Säulen, in den Nischen und Ecken unter den herrlichen Lüstern die legendären Thonetstühle und blank polierte Marmortische. Besucher, die zum Kaffeetrinken und zum Lesen der vielen ausliegenden Gazetten hierher kommen, können vom Einspänner bis hin zum Kapuziner, gepaart mit dem traditionellen Glas Wasser, das Flair der Wiener Kaffeehauskultur erleben. Auf zwei großzügigen Terrassen wird im Tiroler Sommer aber auch die südländische Sitte des Gehsteig-Cafés ausgiebig zelebriert.

Nahe der historischen Altstadt bildet das Cafe mit seiner unverwechselbaren Atmosphäre nach wie vor einen eleganten und zentralen Treffpunkt für Künstler und Literaten, Innsbrucker Bürger und auswärtige Gäste. Kulinarisch werden sie im nostalgischen Cafe-Restaurant den ganzen Tag über mit den typischen Speisen der klassisch-österreichischen Küche verwöhnt. Diese sind sorgfältig aus regionalen Produkten zubereitet, die auch aus der eigenen Landwirtschaft oder – wie beispielsweise das Wildbret – von der eigenen Jagd kommen.

„Der Gast ist zum Verwöhnen da", so die Philosophie, die auch im angeschlossenen traditionellen und doch zeitgemäßen Hotel mit komfortablen Zimmern, Suiten und Studios gelebt wird. Ein so Verwöhnter schreibt über das Cafe Central: „Man kann kommen und gehen, es fällt nicht auf. Aber dem Gast, der immer wiederkehrt, wird mit der Zeit ein vertrautes Wohlwollen des Personals zuteil. Das Bevorzugte kommt ohne Bestellung. Und jetzt ist es klar: Man ist Stammgast."

CAFE UND HOTEL CENTRAL
Gilmstraße 5, A-6020 Innsbruck
Telefon 00 43 (0) 512 / 59 20
www.central.co.at

COOK & LOOK

„Es ist besser, zu genießen und zu bereuen, als zu bereuen, dass man nicht genossen hat.“ (Giovanni Boccaccio)

Nur wenige Schritte von der historischen Altstadt Innsbrucks entfernt, steht das traditionsreiche Hotel Grauer Bär mit einem sehr modernen Innenleben. Die schicke und elegante neue Lounge ist das eine, das 2012 eröffnete Steak-Restaurant Woodfire das andere. „Wir wollten etwas Ungewöhnliches machen“, meint der Chef Klaus Stiebleichinger. „Grill und Fleisch haben einfach in die Zeit reingepasst.“

Die beiden Küchenchefs Stefan Wallner und Alexander Junker haben sich in den USA kennengelernt und brachten die amerikanische Steakkultur mit in die Tiroler Landeshauptstadt. Sie kennen sich bestens damit aus. Das ist Garant für die exorbitante Auswahl und die Qualität des Fleisches. Es stammt von österreichischem Qualitätsrindern aus dem Tiroler Oberland, entfaltet sich langsam und optimal im hauseigenen Reifeschrank zum „dry aged“. Diese Behandlung intensiviert das Aroma von T-Bone und Porterhouse, von Beiried und Prime, von Rib und Filet-Steaks, die somit ungewürzt auf Holzkohle mit 800 °C meisterhaft gegrillt werden können. Die offene Frontcooking-Küche zeigt Transparenz und Action, „da können die Leute zusehen, wie ihr Essen fertig wird“.

„Wir gehen ins Woodfire“, heißt es deshalb bei den vielen Stammgästen, Geschäftsleuten und Liebhabern von Gegrilltem, wenn sie an Steaks oder an den Philadelphia Style-Burger mit karamelisierten Zwiebeln, gerösteten Paprikas, Provolone-Käse und Steakfries denken. Hat es jemand nicht so mit dem Fleisch, dem sei beispielsweise in Sesamsalz gegrilltes Tunasteak auf einem Beet von Baby-Frühjahrsgemüse und Limetten-Koriander-Emulsion empfohlen. Sogar Vegetarier finden bei der großen Beilagenauswahl und marktfrischen Salaten auf der Karte geeignete Speisen, um ihren Appetit zu stillen. Das alles in modernem Ambiente unter historischem Gewölbe aus der Belle Époque. An der kleinen Bar im rückwärtigen Teil wird auch einmal ein hiesiges Bier frisch vom Fass getrunken, ein spritziger Cocktail oder ein gutes Glas Wein.

GEGRILLTES RINDERFILET
Dieses Rezept finden Sie auf der Seite 115

RESTAURANT WOODFIRE STEAK & MORE
IM HOTEL GRAUER BÄR
Klaus Stiebleichinger
Universitätsstraße 5-7, A-6020 Innsbruck
Telefon 00 43 (0) 5 12 / 5 92 47 57
www.woodfire.at

BENVENUTO

„Keiner ist einsam, der gerade Spaghetti isst." (Frank Morley)

MEZZE LUNE TERRA E MARE
Dieses Rezept finden Sie auf der Seite 114

Italienische Momente zu verspüren – das ist immer etwas Sinnliches. In unmittelbarer Nähe der Innsbrucker Universität und unter einem gemeinsamen Dach mit dem MCI können italophil geprägte Menschen im Restaurant SoloVino und in den dazugehörigen Räumen L'hostaria und SoloPasta solche besonderen Momente jeden Tag erleben und genießen.

Wer die geschmackvoll eingerichteten Räumlichkeiten betritt, wird erst einmal persönlich vom Restaurantleiter Raimund und seinem Team freundschaftlich begrüßt. Grund genug, sich sofort heimisch zu fühlen. Eben ein typisch italienisches Ristorante. Der Patrone Ferdinando Martinelli ist mit der einfachen Küche seiner italienischen Heimat im Veneto aufgewachsen und hat nach Geschäftsreisen in die ganze Welt umso mehr seine Leidenschaft zum italienischen Essen und Kochen entdeckt. Die Begeisterung für diese ursprüngliche Küchentradition – erstklassige, natürliche Grundprodukte und deren schonende Verarbeitung – hat ihn dazu gebracht, sie in seinem Innsbrucker Lokal zu verwirklichen. Der Einkauf erfolgt direkt und persönlich bei kleinen Produzenten in den verschiedenen italienischen Regionen. Von hierher stammen auch die Weine – aus dem Friaul über das Piemont bis Sizilien –, die Weinkenner zum Schwärmen bringen. Über 4000 Flaschen liegen in den großen Regalen des zweiten und dritten Raumes, die für abendliche Essen für je bis zu 50 Personen geöffnet sind. Bis unter die Decke sind sie angefüllt mit Weißen und Roten, prickelndem Franciacorta und feiner Kost: Italienische Antipasti, feiner Parmaschinken, würziger Käse und frischer Fisch liegen appetitlich angerichtet in der gekühlten Theke.

Neben der Standard-Speisekarte stehen die aktuellen Tagesangebote noch einmal extra auf großen Wandtafeln. Sie sind nach Markt und Saison ausgerichtet: Pesce und Carne werden vom langjährigem Küchenchef Mimmo, der aus Basilicata stammt, und von Giuseppe, einem ehemaligen Fischer aus San Benedetto del Tronto, authentisch und schmackhaft zubereitet. Beim Prosecco an der Bar lohnt sich das Warten auf einen freien Tisch allemal. Buon Appetito.

SOLOVINO/SOLOPASTA
Ferdinando Martinelli
Universitätsstraße 15B, A-6020 Innsbruck
Telefon 00 43 (0) 512 / 58 72 06
www.solovino.info

DIE MÜHLE
Küchenmeister

KULINARISCHE ÜBERRASCHUNGEN

„An deinem Herd bist du genauso ein König wie jeder Monarch auf seinem Thron.“ (Miguel Cervantes)

WACHTELN MIT TAPIOKA, CHORIZO UND ZWEIERLEI EIERSCHWAMMERL

Dieses Rezept finden Sie auf der Seite 131

Eine Überraschung erleben Menschen, die einmal ein bisschen hinausfahren aus Innsbruck, zur Bundesstraße in Richtung Brenner. Am Rande des Gewerbeparks Mutters hat sich der erste österreichische Küchenmeister mit türkischer Abstammung, Tamer Kacar, eine recht unscheinbare Umgebung für sein Restaurant Die Mühle ausgesucht. 2012 zog er in das doch sehr gemütliche, innen und außen mit viel Holz ausgestattete Haus, das ihm seine Geschäfts- und Feinschmecker-Partner aus der Nachbarschaft, Helmut Gschliesser und Hannes Lamprecht, ans Herz legten. Ein großer Mühlstein vor dem Haus erinnert noch an die Getreidemühle, die früher hier stand.

Österreichische Künstler malten dem liebenswürdigen Koch zum Einstand zeitgenössische Bilder, die um die augenfällige Bar herum die Wände schmücken. Hier ist auch das Reich des Sommeliers und Restaurantleiters Hans Stebeg, der einheimische und auswärtige Gäste mit erlesenen Weinen und anderem Flüssigen versorgt.

Tamer Kacar hat sein Handwerk bei bekannten Haubenköchen erlernt und weiß daher, wie wichtig es ist, mit einwandfreien Produkten zu arbeiten. So kommt das Gemüse beim gekochten Schulterblatt mit Wurzelgemüse, Rösti, Apfelkren und Schnittlauchsauce, das „einfach und gut“ die Küche verlässt, vom Biobauern aus der Umgebung. Die gutbürgerlichen Gerichte auf Spitzenniveau, die zu Mittag serviert werden, sind leicht, bekömmlich und mit frischen Zutaten zubereitet. Am Abend legt der Chef sein ganzes Können in vier- bis achtgangige Menüs und auf ein ausgewähltes À-la-carte-Angebot, wie die mit türkischen Elementen versehene Vorspeise Taschenkrebs, Tatar, Kadayif (türkischer Nudelteig), Wassermelone und Miso-Soja-mirén. Der aufgeschlossene und unkomplizierte Küchenmeister experimentiert und entwickelt gerne. Das kommt der Speisekarte sehr zugute. Phantasie, Kreativität und die Kunst der Verführung: Tamer Kacar setzt dies auch beim Catering mit Bravour um.

RESTAURANT & BAR DIE MÜHLE
Tamer Kacar
Gärberbach 2 (Brenner Bundesstraße)
A-6020 Innsbruck
Telefon 00 43 (0) 5 12 / 57 01 63
www.die-muehle.at

BIERBOTTICH UND HAFERSTROH

„Von der Suppe und der Liebe sind die ersten Löffel die besten." (Sprichwort)

ZARTES FILET VOM MILCHLAMM MIT THYMIAN-JUS UND BUNTEM MARKTGEMÜSE
Dieses Rezept finden Sie auf der Seite 116

Nur wenige Schritte vom Zentrum Seefelds, in der verkehrsarmen und doch belebten Fußgängerzone, liegt ein Hotel, das den Namen der römischen Göttin Diana trägt. Nahe dem charakteristischen Dorfplatz wurde es in den 50er Jahren als Gasthaus eröffnet. Das Hotel-Restaurant wird jetzt von Stephan Öfner und seiner Frau Katrin geführt. Von damals bis heute steht die ausgesprochen familiäre Atmosphäre im Vordergrund und auch das Töchterchen Maria nimmt schon rege am heimischen Hotelleben teil.

Der Speisesaal für die Hausgäste wurde aus zwei original Tiroler Bauernstuben zusammengefügt. Umgeben von historischem Holz, verspürt man so einen Hauch längst vergangener Tage. Ein gemütlicher Kachelofen und der Hubertuswinkel mit dem mächtigen Hirschgeweih tun das Übrige, um einen erlebnisreichen Urlaubstag im Olympia-Ort Seefeld bei einem guten Tröpfchen ausklingen zu lassen.

An den schönen und stimmungsvoll gedeckten Tischen wird vorwiegend österreichische Hausmannskost serviert: Tiroler Gröstl, Kaspressknödel und Kaiserschmarrn. Die Verarbeitung von Produkten aus der Region ist hier selbstverständlich. „Langsam muss es wachsen", sagen die beiden jungen Wirtsleute und verwenden nur solch ein langsam gewachsenes Rind-, Schweine- und Putenfleisch. Berg- und Milchlamm stammen aus eigener Zucht und immer nur für kurze Zeit, etwa an Ostern oder im Herbst, weil „wir nicht so viel haben", meint die Katrin. In kristallklarem Gebirgsquellwasser schwimmen Forelle und Saibling und zum Winter hin sind Raclette, Käsefondue und Beef-Stone sehr gefragt. „A guats Schnapserl" von ausgezeichneten Brennern krönt das deftige Mahl. À-la-carte-Gäste finden sich im verglasten Wintergarten ein und sitzen direkt an der Sonne. Nach ausgiebigem Flanieren lädt im Sommer die sonnige Terrasse zu Kaffee und Apfelstrudel ein.

Die zwanzig Zimmer des Hotels und die Zirbensuite bieten wohnliche Behaglichkeit mit jeglichem Komfort für einen erholsamen Aufenthalt. Dazu trägt sicherlich auch ein besonderes Wellness-Angebot bei: das Bierbottich-Bad. Danach kommt man im Haferstroh-Himmelbett zur Ruhe und lässt dabei den Tag noch einmal Revue passieren.

HOTEL-RESTAURANT DIANA
Stephan und Katrin Öfner
Klosterstraße 97, A-6100 Seefeld
Telefon 00 43 (0) 52 12 / 20 60
www.hotel-diana.at

Woods

CROSSOVER IN SEEFELD

„Der Weise aber entscheidet sich bei der Wahl der Speisen nicht für die größere Masse, sondern für den Wohlgeschmack." (Epikur)

Wie zu Erzherzog Leopolds V. Zeiten steht noch immer das Wahrzeichen von Seefeld, die barocke Wallfahrtskirche Seekirchl, auf einer kleinen Anhöhe. Mit herrlichem Blick darauf und auf den Gschwandkopf hat 2013 direkt gegenüber das stylishe Woods kitchen & bar eröffnet. Dem gebürtigen Niederländer Julien Loijson und seiner Lebenspartnerin Mitchy Bron ist es in kürzester Zeit gelungen, mit inspirierender Crossover-Küche und den Weinen aus aller Welt – sogar aus dem Libanon – viel Aufmerksamkeit in der Olympiaregion zu erregen.

Im Bar-Restaurant gibt es viele Räume, die fließend ineinander übergehen. Sie sind mit eigenen Ideen kreativ im modernen, alpin interpretierten Stil ausgestattet. Chic auch die vielen Accessoires als unaufdringlicher Blickfang. Ein „Luis-Trenker-Stammtisch" zur einen Seite, zur anderen ein stilles Refugium mit goldenem Kronleuchter über dem langen Tisch wie in einem privaten Wohnzimmer. Warm und sanft die Farben, auch im einladenden Barbereich samt den gepolsterten Stühlen.

Die Gäste treten über die Terrasse herein, die sich als echter Erlebnisstadl erweist. Flackernde Feuerstellen, viel Holz und Stein, warme Felle, auf den Holzbänken lässig ausgebreitet. Davor eine zeitgemäße „Hütte", in der sich ein heißer Cappuccino oder Kleinigkeiten von der Karte genießen lassen. „Aufgezauntes" Brennholz an der offenen Show-Küche mit dem Grill, an dem ganztägig Euro-Asiatisches zubereitet wird. Appetitlich angerichtet und sanft abgeschmeckt, kommen Wagyu-Burger mit Trüffelmayo und Foie-Gras auf den Teller, kurz Gebratenes aus dem Wok, Vorspeisen wie Thunfisch-Tartaki, mariniert in grünem Tee, mit knusprigem Sellerie und geschmorten Zwiebeln. Die frischen Sushi-Variationen auf hohem Niveau werden handgeformt.

Wer sich selbst gerne Gäste einlädt, der hat viel zu tun. Deshalb macht es auch viel Spaß, in der legeren Kulisse ein persönliches Event zu feiern. Woods ist in jeder Beziehung bestens dafür gerüstet.

THUNFISCHTATAKI MIT MENTZUYU BEURRE BLANC

Dieses Rezept finden Sie auf der Seite 125

WOODS KITCHEN & BAR

Julien Loijson und Mitchy Bron

Klosterstraße 120, A-6100 Seefeld

Telefon 00 43 (0) 52 12 / 5 32 10

www.woods-seefeld.at

CULINARIUM ALPINUM

„Der Wein ist die edelste Verkörperung des Naturgeistes." (Friedrich Hebbel)

BRENNSUPPE
Dieses Rezept finden Sie auf der Seite 139

Was für ein Ausblick! „Unbeschreiblich schön", so nannte ihn staunend der deutsche Dichterfürst Johann Wolfgang von Goethe in einer verbrieften Notiz, als er auf einer seiner Reisen nach Italien in Mösern innehielt. Genau an der Stelle, an der das innovative For Friends Hotel Mitte 2014 eröffnet hat. Auch der geniale Nürnberger Maler Albrecht Dürer war auf seiner Wanderschaft von diesem Blick fasziniert und verwendete die Aussicht auf das Oberinntal als Vorlage für viele seiner impressiven Landschaftsbilder. Seit Generationen ist der Ort auch als Kraftplatz bekannt.

Eingerahmt von Hohe Munde, Wetterstein, Karwendel, dem Naturschutzgebiet Wildmoos und – einem versunkenen Paradies – dem idyllischen Möserer See, steht das in seiner Architektur eigenwillige Gebäude in der gewachsenen und ungebrochenen Tradition von Mösern, dem „Schwalbennest" Tirols. Internationales Flair und effektvolle Großzügigkeit allerorten. Nicht nur in der eleganten Empfangshalle beeindrucken Werke aus Malerei, Skulptur und Fotografie. Gleich anschließend die Goethe-Bibliothek mit über 5000 mehrsprachigen Publikationen zur gefälligen Lektüre. In der Cigar Lounge ungestörter Tabak-Genuss. Hochgeistiges verspricht die feudale Lobby- und Abend-Bar „Schnapsidee" mit ihren vielen interessanten „Spirits of Austria", von traditionellen Bränden aus allen Regionen Österreichs, dazu Wodka, Rum und an die 60 Whisky-Offerten mit Jahreseditionen bis hin zu Exoten.

Fünf unterschiedlich ausgestattete Restaurants haben jeweils ihre eigene Themenwelt: Das „Theuerdank" – à la carte und dem gleichnamigen Ritterepos des Habsburger-Kaisers Maximilian I. zu Ehren – steht unter dem Zeichen Fisch und Steaks: Tiroler Berglamm und Almschwein, heimische Flusskrebse und fangfrische Regenbogenforellen, eine reizvolle Mischung aus bodenständigen Gerichten und anspruchsvoller Kulinarik. Im leichten Tiroler Stil das „For Friends Fine Dining". Es bietet eine heimisch geprägte Küche mit „Wirler" (Kartoffelschmarren), Speckknödel und Kerschenmus. Gleich gegenüber die einsehbare Gourmet-Küche mit ihren blitzenden Töpfen und Pfannen, in der Küchenchef und Haubenkoch Rainer Gugl samt seiner Brigade die hohe Schule der Kochkunst zelebriert.

„Es braucht keine Exotik, wenn das Beste vor der Haustür wächst, grast, schwimmt oder fliegt. Es braucht lediglich einen Koch mit Gespür, der die Heimat interpretiert und nicht zwanghaft neu erfindet", meint der findige Maître de Cuisine und bietet für besondere Anlässe in dieser lebendigen Küche unter dem Motto „Metzgerei" im kleinen privaten Kreis auch Kostproben direkt vom Herd an.

An einen modernen Rittersaal erinnert das „Maultasch", das ab mittags geöffnete Nudel-Schlemmer-Eldorado mit hausgemachter Pasta wie Schlutzkrapfen, Kasnudeln und natürlich auch Maultaschen. Sie haben allerdings nichts mit der Namensgebung zu tun. Das war die mittelalterliche, legendäre Herzogin Margarethe von Tirol-Görz. Sie hatte als Margarethe Maultasch Geschichte geschrieben. Nun gibt es noch das Private Dining „Glasweise", eine Vinothek mit hochwertigsten Weinen aus aller Welt. Elegant und edel die Hausweine, die Jahreseditionen und Spitzenweine von Angelo Gaja, die exklusiv für For Friends kreiert worden sind. Ausgewählt, stilsicher empfohlen und eingeschenkt von Diplom-Sommelier Matthias Tanzer, der damit den lukullischen Reigen schließt.

Vier Energiefelder garantiert der Visionär Wolfgang Eder, unter dessen Ägide das außergewöhnliche Haus entstanden ist: Natur & Entspannung, Kunst & Kultur, Genuss & Kulinarik, Energie & Bewegung. Es ist ihm gelungen, dies alles unter einem Dach zum Wohle der Gäste zu vereinen. Hier geht es bei aller Vielfalt und Weitläufigkeit ruhig zu. Alle Zimmer und Suiten, im modernen Alpenstil und in den Farben der Erde gehalten, sind nach Süden ausgerichtet. Das Mountain Spa mit Panorama-Saunen, Infinity-Pool sowie Kraft- und Bewegungsräumen, die dem Programm des Spitzensportlers und Erfolgscoachs Toni Innauer folgen, ist ergänzt mit der Energia Alpina Jurte. Sie wird für Meditationen und verschiedene Behandlungen genutzt. So gestärkt, kann es zu entspannenden Wanderungen auf den Spuren von Malern und Literaten gehen. Was für Ausblicke!

WIRLER

Dieses Rezept finden Sie auf der Seite 139

FOR FRIENDS HOTEL
Wolfgang Eder
Am Wiesenhang 1, A-6100 Mösern
Telefon 00 43 (0) 52 12 / 2 03 00
www.for-friends-hotel.at

Quellenhof
Leutasch

DIE QUELLE DES GUTEN LEBENS

„Man soll dem Leib etwas Gutes bieten, damit die Seele Lust hat, darin zu wohnen.“ (Winston Churchill)

CARPACCIO VOM BIORIND MIT HAUSGEMACHTER TRÜFFELMAYONNAISE, RUCOLA UND PARMESAN
Dieses Rezept finden Sie auf der Seite 130

Nimm Dir Zeit zum Träumen, es bringt Dich den Sternen näher. Nimm Dir Zeit zum Lachen, es ist die Musik der Seele. Nimm Dir Zeit, freundlich zu sein, es ist der Weg zum Glück“ – so steht es im verheißungsvollen Empfang des Hotels Quellenhof Leutasch in goldener Schrift geschrieben. Derart gibt es im ganzen Haus Orte des Rückzugs, alle mit wunderschönen Materialien ausgestattet. Das schätzen die vielen Stammgäste, die den Quellenhof zur Quelle des guten Lebens auserkoren haben.

Die Ruhe der Hausgäste ist dem Gastgeber Emmerich Mitterhuber das Wichtigste. Deshalb können nur sie die ausgezeichneten und sorgfältig zusammengestellten Speisen von Küchenchef Michael Eigl im hellen und geschmackvoll eingerichteten Restaurant in legerer Atmosphäre genießen. Dort werden ein Wellness- und ein viergängiges Abendmenü von den freundlichen und flinken Mitarbeitern serviert, deren Aufmerksamkeit keine Wünsche offenlässt. Von der rosa gebratenen Lammkrone mit Estragongemüse, Couscous und Meaux-Senfsauce bis zur Unterinntaler Greane Hunte (hausgemachte Spinatspätzle) bietet die wohlschmeckende Quellenhof-Küche jeden Tag eine abwechslungsreiche Auswahl an feinen Gerichten. Viele der frischen Zutaten kommen direkt aus der unmittelbaren Umgebung: Eier vom Bauernhof in Leutasch, die Fische aus dem Weidach-See gleich beim Haus. Gekrönt wird das abendliche Mahl von köstlichen Nachspeisen oder einem opulenten Dessertbuffet, das seinesgleichen sucht. Dazu täglich neu empfohlen: „ein guter Tropfen“ aus einem der bestselektierten Weinkeller Tirols, der sich für die Gäste auch zu Verkostungen öffnet. Das reine nach Grander bewegte Leutascher Quellwasser, Säfte und Tees stehen Ihnen dabei in aller Großzügigkeit frei zur Verfügung. „Den Genuss muss man mitnehmen“, strahlt deshalb eine Dame und freut sich über das selbstgebackene Quellenhof-Brot im Körberl zum Abschied.

Im Quellenhof wird Wellness besonders großgeschrieben: Auf dem sonnigen Hochplateau des Leutaschtals kann man, umgeben von der eindrucksvollen Bergkulisse des Wettersteingebirges, das ganze Jahr über nicht nur kulinarische Wohlfühl-Tage erleben, sondern auch eine Wein- und Genuss-Woche. Nimm Dir Zeit, Zeit zum Durchatmen.

HOTEL QUELLENHOF LEUTASCH
Emmerich Mitterhuber
Weidach 88, A-6105 Leutasch bei Seefeld
Telefon 00 43 (0) 52 14 / 6 78 20
www.quellenhof.at

Naturwirt

UNTER FREUNDEN

„Genuss – das ist es, was in allem gesucht wird!“ (Seneca)

Der Naturwirt ist ein Wirtshaus für alle, und als solches möchte es sich auch verstanden wissen. Schon von weitem weist der moderne Bau im Leutascher Ortsteil Gasse auf seine „ganzheitliche Architektur“ hin. Auf der sonnigen Terrasse rund ums Haus finden viele Gäste Platz, am Eingang steht im schönsten Dialekt: „Kimm eina, hock di nieder, lehn die zrugg.“ In einer zeitgemäßen und ungewöhnlichen Formensprache wird auch innen Authentizität vermittelt. Kopien des Tiroler Aquarell-Künstlers Alfons Walde hängen an den Wänden, auf den Tischen mit den feingewebten Leinendecken stehen Vasen mit frischen Wiesenblumen.

All das spiegelt das tiefe Bedürfnis nach Achtsamkeit mit der Natur wider, das die Vollblut-Wirtin Monika Klimitsch konsequent nicht nur in der Dekoration in die Tat umsetzt: wissen, woher es kommt. Wissen, wer es herstellt, und wissen, was aus ihrer Küche auf dem Teller angerichtet ist. Und das sind frische und saisonal abgestimmte Zutaten aus der umgebenden Landschaft mit ihren Genussregionen, das meiste aus biologischem Anbau. So steht eine meisterhaft rosa gebratene Beiriedschnitte vom heimischen Jungrind mit glacierten Balsamicoschalotten auf der Karte oder auch Vegetarisches wie ein cremiges Weißwein-Risotto mit Blauschimmelkäse und frischer Salatschüssel. Zur Brotzeit verführt ein würziger Hirschschinken vom nahen Gut Leutasch. Im Weinangebot finden sich ausschließlich biozertifizierte Weine aus österreichischen, Südtiroler und italienischen Weingütern. Auch die übrigen Getränke wie Kaffee, Tee, Limonaden oder Biere – alles Bio.

Hier im Naturwirt geht es um Freundschaft. So freuen sich viele Stammtischler sonntags auf ihre kommunikative und genussvolle Zusammenkunft, am Freitag kommen einheimische Frauen nach dem Einkaufen regelmäßig vorbei – mit einer einzigen männlichen Ausnahme namens Franz, einem immer wiederkehrenden Leutasch-Fan aus München. Dabei geht es zünftig zu, wie es sich für so ein Wirtshaus gehört – das ganze Jahr über.

NATURWIRT
Monika Klimitsch
Gasse 190, A-6105 Leutasch
Telefon 00 43 (0) 52 14 / 2 01 82
www.naturwirt.at

HOTEL SPIELMANN

ZIMMER MIT AUSBLICK

„Die meisten Menschen hasten so sehr nach Genuss, dass sie an ihm vorbeirennen." (Sören Kierkegaard)

GESULZTER TAFELSPITZ MIT WURZELGEMÜSE

Dieses Rezept finden Sie auf der Seite 129

Romantik, Landschaft und Feinschmeckergenuss – all dies zusammen an einem Platz. Das Romantik-Hotel Spielmann bietet durch seine exponiert schöne Lage den allerbesten Blick auf das herrliche Alpenpanorama mit der berühmten Zugspitze. Im Juni, wenn nach uraltem Brauch die Bergfeuer im ganzen Talkessel angezündet werden, dann „muss man ein bisschen herumgehen", meint die Familie Spielmann und weist auf die blühende Gartenwiese und die große Terrasse. Von hier aus sind nächtens die prächtigen, leuchtenden Motive an den Berghängen des Wettersteingebirges in einmaliger Schönheit zu sehen.

Hoch über der Ehrwalder Kirche haben in den 20er Jahren des vergangenen Jahrhunderts die ersten Spielmanns mit einer ländlichen Pension angefangen, die im Laufe der Generationen schrittweise zum heutigen schmucken Hotel ausgebaut wurde. Die familiäre Gastlichkeit hat sich herumgesprochen, und genauso führen Christian und Margreth zusammen mit Tochter Christina und Sohn Andreas das weinumrankte malerische Haus mit dem vielfältigen Wellnessbereich.

Ein abwechslungsreiches Innenleben hat es, das Romantik-Hotel Spielmann, und eine angenehme Gepflegtheit. Die vielen Kleinigkeiten sind es, die es zu einer raren Kostbarkeit gemacht haben. In den vierzig komfortablen Zimmern und luxuriösen Suiten, im urig-gemütlichen Tiroler Stil unterschiedlich ausgestattet, duftet es nach Zirbenholz. Alle haben gewissermaßen „zum Aufwachen vom Bett aus" einen unvergleichlichen Ausblick.

In den Gaststuben wie der Jäger- oder der Ganghoferstube unterstreicht heimeliges Holz die Ursprünglichkeit wie auch die „Lusterweiberl" an der Decke, die mildes Licht verbreiten. Den ganzen Tag über kulinarische Köstlichkeiten, auch für Durchreisende auf Landfrische. Auf der Speisekarte stehen frische Gerichte, gewürzt mit Kräutern aus dem eigenen Gartl, und dazu ein süßer karamellisierter Kaiserschmarrn. Wenn das Wetter mitspielt, dann wird jeden Donnerstag draußen gegrillt: ein zünftiger Abend mit Spielmanns Hausmusik, die lustig zu den Tiroler Schmankerln aufspielt.

ROMANTIK-HOTEL SPIELMANN
Familie Spielmann
Wettersteinstraße 24, A-6632 Ehrwald
Telefon 00 43 (0) 56 73 / 2 22 50
www.hotel-spielmann.com

HOHENFELS
das Landhotel

ALPEN SCHAUEN

„Geselliges Vergnügen, munteres Gespräch muss einem Festmahl die Würze geben." (William Shakespeare)

Das breite Giebelhaus mit seinen langen, blumengeschmückten Balkonen auf einem einzelnen sanften Hügel ist nicht das Einzige, was das Landhotel Hohenfels zu einer gastronomischen Perle im reizvollen Tannheimer Tal macht. „Alpen schauen", heißt es von dort oben, auf Rot Flüh, auf Gimpel und die Köllenspitze. Von der anderen Seite grüßen die Lechtaler Berge, das Gaishorn und ein grünes Tal in Richtung Vilsalpsee. Diesen idyllischen Platz hatte der Großvater von Wolfgang Radi für seinen Gasthof mit Fremdenzimmern ausgewählt. Eine mächtige Felsplatte musste er damals erst mühsam wegsprengen und so bekam das 1965 eröffnete Haus seinen Namen: Hohenfels.

Vor über zwanzig Jahren übernahmen Wolfgang Radi und seine Frau Monika das elterliche Gasthaus und haben es samt dem Zubau in reiner Holzbauweise ganz behutsam zu dem gemacht, was es heute ist: ein kleines, aber feines Landhotel für Kenner und Liebhaber, die eine persönliche Atmosphäre schätzen. Regionales Wildeichenholz und Nussbaum prägen das zurückhaltende, edle Design der Einrichtung. In manchen Zimmern steht ein Himmelbett, beim Blick über den landschaftlich parkartigen Garten aus dem neuen Wellness-Ruheraum kann man der Stille lauschen.

In dem nur vier Tische zählenden À-la-carte-Restaurant „Tannheimer Stube" verbreiten Kachelofen und die hölzerne Kassettendecke wohlige Behaglichkeit. Begleitet von Gourmetkost, die Küchenchef Markus Pichler, Souschef Christoph Krahbichler und ihre guten Küchengeister immer frisch aus fein abgestimmten Zutaten zubereiten: „Wir kochen einfach, regional und jahreszeitgemäß", meint er und zaubert „viele kleine Dinge auf den Teller". Da gibt es Interessantes wie ein Eierschwammerlragout mit Palffyknödel – ein Knödel aus luftigem Hefeteig-Zopf gedreht –, Wild aus dem Bregenzerwald und einen Topfenstrudel „Hohenfels" mit hausgemachtem Topfeneis. Auch dafür gibt es zwei Hauben, die gefragte Auszeichnung des Gault Millau. All das kann sich sehen lassen.

REH, MARILLE, STEINPILZE
Dieses Rezept finden Sie auf der Seite 118

LANDHOTEL HOHENFELS
Wolfgang und Monika Radi
Kreuzgasse 8, A-6675 Tannheim
Telefon 00 43 (0) 56 75 / 6 28 60
www.hohenfels.at

IN SAMT UND SEIDE

„Essen ist ein Bedürfnis, Genießen eine Kunst." (Eleonore Galts)

KALBSFILET UND KALBSKOPFCARPACCIO MIT KALBSSCHWANZ-RAVIOLI UND JUNGEN ERBSEN

Dieses Rezept finden Sie auf der Seite 133

Es war einmal ein altes Dorfgasthaus am Fuße des Berges Rote Flüh im Tannheimer Tal, das sich nach und nach in ein unvergleichlich zauberhaftes Traumhotel verwandelt hat – liebes Rot-Flüh heißt's und wird heute in dritter Generation von Sonja Huber und ihrer Familie in gelebter Herzlichkeit geführt. Ihren Mann Franz hat sie hier kennen und lieben gelernt, „weil er gar so gut kocht".

So individuell, wie sich die einzelnen Häuser und die liebevoll ausgestatteten Zimmer gestalten, so individuell sind auch die vier Restaurants, von denen das kleine, nur fünf Tische zählende Gourmet-Restaurant Rot-Flüh-Stüberl unter der Ägide von Küchenchef Holger Eßer den kulinarischen Anziehungspunkt bildet. Seine klassische französische Haut Cuisine, gepaart mit modern interpretierter Tiroler Küche, sind dem Gault-Millau 16 Punkte wert. Viele Produkte kommen frisch aus der unmittelbaren Nachbarschaft, die dann, veredelt mit anderen besten Erzeugnissen aus aller Welt, für Geschmackssensationen auf dem Teller sorgen. Heimisches Lamm und bretonischer Hummer, Kräuter von der Bergwiese und Blüten aus dem eigenen Garten sorgen für regelrechte Amouren für Auge und Gaumen. Dazu „gibt es keinen Wein, der nicht über unseren eigenen Gaumen geht", meint Wein- und Käsesommelier Marcus Semmler und schenkt die hochwertigen Weine auch glasweise aus, zur Freude seiner Gäste.

Die Feinschmecker-Oase La Cassata Nobile verbreitet unter dem weißen Säulengewölbe die Atmosphäre von Luxus und Eleganz. Die Stühle sind mit weinrotem Samt bezogen, an den elegant eingedeckten Tischen werden feine 5-Gänge-Menüs serviert. Im Via Mala, mit seinen neun urgemütlich eingerichteten Häuschen, herrscht Bodenständigkeit: typische österreichische Küche „wie damals", deftig und gleichzeitig ausgefallen. Die Rotisserie Loch Ness schließlich bietet saftige Steaks und fangfrischen Fisch vom Grill. Auch in den drei Bars – Montana, Cristall-Bar und Gambsbar, dazu eine Whisky- und Zigarrenlounge – ist an alles gedacht, was einfach nur Genuss bereitet. So wird im traumhaften liebes Rot-Flüh auch gut und gern gefeiert, und einen Tempel der Schönheit gibt es auch.

TRAUMHOTEL LIEBES ROT-FLÜH
Sonja Huber
Seestraße 26, A-6673 Haldensee/Grän
Telefon 00 43 (0) 56 75 / 6 43 10
www.rotflueh.com

IM EINKLANG MIT DER NATUR

„Kochen ist eine Kunst und keineswegs die unbedeutendste." (Luciano Pavarotti)

Einfach mal wieder runterkommen und die Qualität der Ruhe entdecken", das dürfen die Gäste von Manfred und Karin Kühbacher, die im Frühjahr 2014 in unmittelbarer Nähe zum Lech ihr Naturhotel LechLife neu eröffnet haben. Auf einer Anhöhe der Naturparkgemeinde Wängle steht weithin sichtbar das im Tiroler Landhausstil gestaltete Gebäude mit seiner grandiosen Aussicht: Der Blick schweift über den weiten Talkessel und die Lechtaler Bergwelt. Am Abend bieten die hell beleuchtete Ruine Ehrenberg und die Festung Schlosskopf ein zusätzliches Schauspiel. Ganz nah das sonnige Berggelände des Hahnenkamms mit seiner einzigartigen Alpenflora. Ein Platz, den Alltag hinter sich zu lassen und nicht an das Gestern und Morgen zu denken.

Dafür haben die „Kühbachers" viel Natur in ihr Haus hinein gelassen: Materialien wie wärmender Lehm, heimisches Holz, frisches Heu oder ausdrucksstarke Vliese aus duftenden Lavendelblüten, alles mit einer spürbaren Wirkung auf das Wohlbefinden. In der Lechtal-Stube, der Zirbenstube, dem hellen Wintergarten und der weitläufigen Terrasse sind unterschiedliche Einrichtungsensembles vertreten. Großer Wert wird im LechLife neben der traditionellen auch auf die frische vegane Küche gelegt. Das 3-Säulen-Modell von Vegan-Kultkoch Attila Hildmann (Ernährung, Bewegung, Meditation) wird hier in den Hotel-Alltag umgesetzt. So verwöhnen ein hochdekorierter Koch für die traditionellen Spezialitäten und internationalen Gerichte und ein äußerst kundiger Vegan-Koch die Gäste ganz nach ihrem Geschmack. „Bei uns soll innerhalb einer Gastfamilie jeder glücklich werden und genau das essen, was ihm schmeckt", sagt Manfred Kühbacher. Alles entsteht aus hochwertigen und gesunden Zutaten. Dafür werden bevorzugt die Lebensmittel aus der Region verwendet. So stammt das Fleisch für den Tafelspitz im Wurzelsud vom hiesigen Biorind, der Käse kommt aus dem Lech- oder Tannheimer Tal.

Gesundes Essen, die richtige Bewegung und Meditation, dazu kultivierte Entspannung bei regelmäßig stattfindenden Veranstaltungen wie Jazzbrunch, Lesungen, Vernissagen ... oder einfach nur das Auge in die wunderbare Landschaft eintauchen lassen – alles ist möglich.

BURRITO MIT BOHNENFÜLLUNG
UND THYMIANCHAMPIGNONS
Dieses Rezept finden Sie auf der Seite 132

NATURHOTEL LECHLIFE
Manfred und Karin Kühbacher
Holz 1A, A-6610 Wängle
Telefon 00 43 (0) 56 72 / 6 42 34
www.lechlife.at

Lechtaller HAUSSEGEN

FLÜSSIGER HAUSSEGEN

„Euch ist bekannt, was wir bedürfen, wir wollen starke Getränke schlürfen.“ (Johann Wolfgang von Goethe)

KRAMAT JULEP
Dieses Rezept finden Sie auf der Seite 132

Ui!, der ist aber fein, der Himbeer!“, schwärmt der ganz und gar zufriedene Urlauber, der gerade die letzte Etappe seiner Wanderung am herrlichen Lechweg hinter sich gelassen hat. Dann möchte er noch gerne den Vogelbeerbrand probieren und lässt das feine Destillat aus den vollreifen Beeren genüsslich über die Zunge fließen.

Hier in Elbigenalp, mitten im Geburtsort der legendären Geierwally, ist die Schaubrennerei Lechtaler Haussegen daheim. Mario Huber heißt der Brenner. Er und seine Lebenspartnerin Melanie Haider bringen dort seit drei Jahren dem Gast nicht nur die Kunst des Destillierens verständlich nahe, sondern laden im stylishen Laden auch gerne zum Probieren ein. In ihre feinen Edelbrände haben sie „Geist und Seele“ gelegt – neben dem Geist des Alkohols auch ihre eigene Philosophie. Denn alles, was von der Frucht über das Destillat und bis zur Abfüllung in die schlanken Flaschen gefüllt wird, geschieht handwerklich sorgsam: Sie ernten das Obst für die „Steinigen“, pflücken die reifen Beeren für die „Süßen“, graben selbst auf 1800 Metern Höhe nach Enzian, Meisterwurz und Blutwurz für die „Würzigen“. Am nahen Lech wächst üppig der Wacholder. So entsteht auch der erste Gin aus dem Lechtal mit harzigherbem Aroma namens „Kramat“, ein altes Wort für Wacholder. Die individuelle und geheime Zusammenstellung kennen nur die beiden innovativen Quereinsteiger: „Wir suchen Sachen, die zu uns passen.“ So kommen Sonder-Editionen heraus wie der Bergheubrand oder ein Zirbenholzgeist – Elbigenalp gilt als Hochburg der Holzschnitzer.

Im langgezogenen Geschäft steht ein selbstgeschreinerter Fichtentisch, auf dem die funkelnden Schnapsglasl zur Degustation bereitgestellt sind. Davor, in den blankgeputzten Edelstahlkannen, reifen einige Feinbrände: „Dem Steinobst tut es gut, wenn es eine Zeit steht.“ Um die Reinheit zu gewährleisten, verwenden die Brenner nur den sogenannten Mittellauf. Dabei ist Fingerspitzengefühl gefragt, damit die sortentypischen, ausgeprägten Fruchtaromen nicht verfälscht werden. Schließlich werden die flüssigen Haussegen mit reinem Quellwasser verdünnt. Inzwischen versprechen über dreißig verschiedene und preisgekrönte Sorten echten Hochgenuss, darunter auch ein „Alter Apfel im Eichenfass“.

LECHTALER HAUSSEGEN EDELBRÄNDE
Mario Huber und Melanie Haider
Dorf 52, A-6652 Elbigenalp
Telefon 00 43 (0) 6 76 / 3 44 34 22
www.lechtaler-haussegen.at

WINTERLANDSCHAFT IN
DEN ÖZTALER ALPEN

ZISTERZIENSERABTEI STAMS, STIFT STAMS

DORF.
ALM.
GLETSCHER.

Das Zisterzienserstift Stams machte die gleichnamige kleine Ortschaft im mittleren Oberinntal schon früh über alle Grenzen hinaus als geistiges und kulturelles Zentrum bekannt. Die 1284 geweihte Stiftskirche und ein Museum mit wertvollen Kunstschätzen zeugen davon.

Am Eingang des Ötztales zeigt sich Sautens in bäuerlicher Tradtion. Die neue Pfarrkirche, 1831 im Stil des Spätklassizismus erbaut, gilt als eine der schönsten Dorfkirchen im Bundesland Tirol. Taleinwärts geht es entlang der Ötztaler Ache über kleine Dörfer an der sagenumwobenen Engelswand vorbei nach Umhausen, der ältesten Ansiedlung im Ötztal. Hier stürzt das Wasser des Horlachbaches 159 Meter tief in den Stuibenfall. Der höchste Wasserfall des Landes soll vor 9000 Jahren nach einem gewaltigen Felssturz entstanden sein. Nicht ganz so lange ist es her – etwa 5300 Jahre –, als „Ötzi" diese Gegend unsicher machte. So entstand hier der Nachbau eines prähistorischen Ötzi-Dorfs. In dem archäologischen Freilichtpark kann man eine Zeitreise zu den Menschen in der Jungsteinzeit unternehmen. Bei Längenfeld bewahrt das Heimat- und Freilichtmuseum das kulturelle Erbe: Das Leben und Arbeiten im Ötztal erfuhr in seiner langen Geschichte kaum Veränderungen. Wenn im Frühsommer die Bauern bereits das erste „Heu eintun", dann machen Schafe, Ziegen und das Grauvieh Urlaub auf den Almen. Bei schönem Wetter auch genau die richtige Zeit für ausgiebige Wanderungen mit einer zünftigen Marende.

Sölden wird in den Wintermonaten zum Ski-Mekka. Die beiden Gletscherskigebiete am Rettenbach- und Tiefenbachgletscher bieten bis weit in den Frühling hinein beste Bedingungen. Bei Zwieselstein teilt sich die Straße. Halbrechts gräbt sich die Venter Ache durch das gleich lautende Tal. Am Ende, dort wo sich Murmeltier und Gams gute Nacht sagen, liegt das bekannte Bergsteigerdorf Vent. Eingebettet in die höchsten Berge und mächtigen Gletscher, waren schon die ersten Bergsteiger im 18. Jahrhundert von der 3774 Meter hohen Wildspitze beeindruckt. 1991 wurde in der Nähe der Similaunhütte „der Mann aus dem Eis“, die Gletschermumie Ötzi, gefunden. Seit Jahrhunderten ziehen bis heute Mitte Juni jedes Jahr Hirten mit bis zu 3000 Schafen aus dem Südtiroler Schnalstal über Schneefelder, Fels- und Eisrinnen zu den hiesigen Weiden.

Zurück in Zwieselstein, führt die kurvenreiche Straße zu zahlreichen kleineren Orten im Gurgler Tal, nahe dem Alpenhauptkamm mit seinen Dreitausendern das Königreich der Gletscher. Im 20. Jahrhundert entwickelte sich insbesondere Obergurgl zu einem gefragten Wintersportort. Ganz oben und noch etwas höher: Viele Serpentinen führen hinauf auf die 1960 fertig gestellte Timmelsjoch-Hochalpenstraße. Gleichzeitig wurde das Hoteldorf Hochgurgl erbaut, das mit vielen Pistenkilometern und ausgedehnten Liftanlagen zu einem der begehrtesten Skigebiete Tirols gehört.

Wieder heraus aus dem urwüchsigen Ötztal, liegt ein Stückchen weiter – schon im oberen Oberinntal – die lebhafte Kleinstadt Imst. Nur ein paar Schritte von der Ortsmitte entfernt befindet sich mit der Rosenschlucht ein innerstädtisches, wertvolles Biotop mit Blumen, Tieren und Steinen. Das alle vier Jahre stattfindende Imster Schemenlaufen ist ein traditioneller Fasnachtsbrauch, der von der UNESCO zum inmateriellen Kulturerbe erhoben wurde. Von der Imster Oberstadt aus verbindet eine lohnende Aussichts-Passstraße das Oberinntal mit dem Tiroler Lechtal. Das schwer beeindruckende, faszinierende Hahntennjoch führt mit steilem Anstieg auf 1894 Meter hinauf.

Das Pitztal erstreckt sich über vierzig Kilometer, erreichbar auf einer einzigen Straße. Als eines der schönsten und wildesten Seitentäler der Ostalpen hinterlässt es mit seinen kleinen Orten wie Plangeross in der Talsohle einen bleibenden Eindruck. Am Talende fällt der Blick auf den dominierenden Mittagskogel, an dessen Fuß Mittelberg liegt. Die Mittagssonne steht für alle Ortschaften im inneren Pitztal deutlich sichtbar genau über diesem 3182 Meter hohen Berg.

ALPENPANORAMA

VERWÖHNEN AUF TIROLERISCH

„Wer einen guten Braten macht, hat auch ein gutes Herz." (Wilhelm Busch)

Eine wunderschöne Landpartie ins obere Inntal ist es – und eine lohnende dazu. In Stams, nicht weit von Innsbruck, liegt das 1275 gegründete Stift Stams, noch heute im Besitz der Zisterzienser-Mönche. Inmitten dieser klösterlichen Atmosphäre suchen Einheimische und Gäste aus aller Welt nach authentisch Tirolerischem – und finden es auch.

Bodenständig, echt, natürlich – das ist das Erfolgsrezept der Wirtsleute Hannes und Michaela Neurauter, die seit Anfang 2013 das Restaurant-Café Orangerie Stift Stams in den historischen Räumen des ehemaligen klösterlichen Gewächshauses führen. Reifes Obst, frisches Gemüse und die „wahre Brotfrucht", die Erdäpfel von den Stamser Feldern, sowie Fleisch aus den Ställen von nebenan bilden die Basis des kulinarischen Angebotes. Ja, sogar vom Wein aus dem nahen Haiming, exklusiven Raritäten, „träumen Korkenzieher". Dazu hat der diplomierte Weinsommelier über zweihundert weitere Weine leidenschaftlich zusammengetragen. Naturtrüber Apfelsaft, Klosterbrot und Edelbrand vom Stift, Nachhaltigkeit ist dem jungen Wirt eine Herzensangelegenheit. Die Qual der Wahl bereitet eine umfangreiche Speisekarte mit wechselnden Spezialitäten, saisonalen Schlemmereien und Schmankerln den ganzen Tag über. Dazu das Kultbier der Münchner Augustiner-Brauerei, kühl und frisch getrunken – eine Wonne.

„Ich brauch ja gar nicht mehr zu bestellen", ruft der Stammgast erfreut der feschen Michaela Neurauter zu, die gleich den Coupe Styria, ein Vanilleeis mit frischen heimischen Erdbeeren, Schlagobers, abgerundet mit Tiroler Kürbiskernöl, serviert. Das geschicht bei schönem Wetter im Terrassen-Café, mitten im wunderschönen Stiftsgarten. Im Gewölbegeschoss des denkmalgeschützten und vorbildlich renovierten Gebäudes lädt der Prälatenkeller ein. Die alten Fresken aus dem 18. Jahrhundert sind erhalten geblieben, am Eingang steht ein historischer Samenschrank, der noch an die gärtnerische Pflanzenzucht der Mönche erinnert. Gleich darüber bietet ein modern ausgestatteter Tagungsraum den idealen Rahmen für geschäftliche Meetings und Seminare. Beim traumhaften Ausblick auf den Stiftshof tankt man neue Energien wie von selbst.

ROSA GEBRATENER KALBSTAFELSPITZ MIT TRÜFFELÖLPÜREE UND MARKTGEMÜSE

Dieses Rezept finden Sie auf der Seite 117

ORANGERIE STIFT STAMS
Hannes und Michaela Neurauter
Stiftshof 7, A-6422 Stams
Telefon 00 43 (0) 52 63 / 2 02 08
www.orangeriestams.at

GASTLICHKEIT MIT TRADITION

„Lorbeer macht nicht satt, besser, wer Kartoffeln hat." (Sprichwort)

HIRSCHRAGOUT MIT APFELROTKRAUT UND SPÄTZLE
Dieses Rezept finden Sie auf der Seite 124

Hast du neue Erdäpfel?", will Hannes Staggl, der rührige Wirt des traditionsreichen Hotels Hirschen, vom befreundeten Bauern wissen, der gerade einige Kisten mit frisch geerntetem Gemüse bringt. Die kommen gleich in die Küche des gebürtigen Wieners Mike Holzer, seit mehr als fünfundzwanzig Jahren Chefkoch und „fest und leidenschaftlich mit dem Hirschen" verbunden.

Am meisten freut er sich mit seinem Küchenteam auf den Herbst, wenn die Natur ihre schönsten Früchte zur Reife bringt: Kürbis, Trauben, Zwetschken und vieles mehr. Dann beginnen in den heimeligen Stuben wie der historischen Bonder- oder der Hirschstube und auch im großen Speisesaal die Genusswochen, bei denen Genießer, Wildliebhaber und Naschkatzen gleichermaßen auf ihre Kosten kommen.

Die meist traditionellen Spezialitäten werden mit einer Prise Kreativität gewürzt und so entstehen geschmacksintensive, bodenständige Kreationen wie zartes Lammkotelett und saftiger Hirschbraten, begleitet von Vollmundigem aus dem neuen Weinkeller oder einem kühlen Glas Bier von der Schenke. Wenn die Tage zu dieser Jahreszeit noch warm sind, kann man das alles im milden Herbstlicht auch auf der schönen Terrasse und im Gastgarten genießen. Die freundliche Wirtin Edith schaut im Dirndl aufmerksam auf jeden, der sich hier niederlässt.

Bereits seit dem 13. Jahrhundert gibt es das gastliche Anwesen in Imst, direkt neben der gotischen Pfarrkirche Mariä Himmelfahrt. Heute wird es in der fünften Generation von der Familie Staggl geführt. Dazu gehören auch die Kinder Katharina, Christoph, Maria und Franz-Josef, der Diplom-Sommelier ist. Der angesehene Gasthof verbreitet eine besondere Behaglichkeit, was sich auch im Hotelbereich fortsetzt. Die 100 Zimmer sind komfortabel, neu renoviert und geschmackvoll eingerichtet – richtig zum Daheimfühlen.

HOTEL UND GASTHOF HIRSCHEN
Hannes und Edith Staggl
Thomas-Walch-Straße 3, A-6460 Imst
Telefon 00 43 (0) 54 12 / 69 01
www.hirschen-imst.com

EINE TIROLER REISE ZUM EIGENEN ICH

„Die Sehnsucht ist es, die unsere Seele nährt, und nicht die Erfüllung." (Arthur Schnitzler)

Schon im zarten Alter von sieben Jahren wusste es der Schweizer Christoph Marti ganz genau: „Mama, ich will mal ein Hotel." Diesen Lebenstraum hat sich der frühere IT-Manager zusammen mit seiner Frau Anne auf einem sonnigen Plateau hoch über dem vorderen Ötztal erfüllt. Mit dem Selfness-Hotel Ritzlerhof haben sie Raum geschaffen für Entfaltung und Genuss, Erholung und Leben. Die für diese Gegend ungewöhnliche Architektur des Ensembles bestimmt auch das angegliederte Seminarhaus inmitten der kraftvollen Natur. Von der Terrasse aus, so weit das Auge reicht: Ruhe und Frieden.

Drinnen verspüren auch Sinnsuchende eine ganz besondere Aura. Der Elemente-Mix aus Naturmaterialien, Zirbenhölzern, Filz, Antikleder und Landhauszwirn kommt dem sehr entgegen. All das setzt sich fort in den beiden Restaurants, Gameza für die Hausgäste und dem Furmenta, in dem à la carte gespeist wird. Hier will der kreative Koch-Freigeist Gregor Klöter – alias Grex – mit seiner Begeisterung zur feinen Cuisine und seiner Liebe zu den regionalen Besonderheiten so gar nicht in eine kulinarische Schublade passen. Zwanzig verschiedene Salzkristalle hat er selbst zusammengestellt, würzt damit seine avantgardistischen Speisen: „Vom Bergbauern krieg ich das Heu aus dem Erstschnitt mit Rot- und Weißklee, Beifuß, Bergthymian, Portulak und Senfblüten." Das nimmt er zum Räuchern und Braten, verwendet es aber auch für Desserts und Süßspeisen. Seine Kreationen reichen von der Gemüseminestrone, aus vier verschiedenen Tomaten- und drei Zucchinisorten zubereitet, bis hin zum essbaren „Selfness-Blumentöpfchen", aus dem die frische Minze vom eigenen Garten sprießt. Das zarte Fleisch vom Wagyu-Rind wächst auf der anderen Talseite in Hochötz heran, Schafs- und Ziegenkäse kommen aus der nahen Ortschaft Silz und die frischen Fische, Saibling und Regenbogenforellen, schwimmen im Teich unterhalb der Hauskapelle.

Die edlen Tropfen im offenen „Beernkallar"-Weinkeller sind Spitzenweine aus aller Welt und können dort im kleinen Kreis degustiert werden. Dazu, wie es sich hier gehört: frisches belebendes Granderwasser – für Menschen und ihre Lebensträume.

SELFNESS SCHMANKERL TELLER
Dieses Rezept finden Sie auf der Seite 128

HOTEL RITZLERHOF
Christoph Marti
Ritzlerhof 1, A-6432 Sautens
Telefon 00 43 (0) 52 52 / 6 26 80
www.ritzlerhof.at

SO SCHMECKT TIROL

„Essen und Trinken hält Leib und Seele zusammen.“ (Sprichwort)

VARIATION VOM ÖTZTALER BERGLAMM
MIT RÖSTKARTOFFELN UND SPECKBOHNEN
Dieses Rezept finden Sie auf der Seite 134

Links und rechts ragen die Dreitausender der Stubaier und Ötztaler Alpen auf. Gaislachkogl, Nederkogl (Hausberg) und Söldenkogl heißen sie, die vom ehemaligen Speisehaus Gstrein aus in Sölden zu sehen sind. So ziemlich am Anfang der touristischen Erschließung des früheren Bergbauerndorfes bauten der gesellige Metzgermeister Eugen und seine Frau Martha Gstrein über ihrer Metzgerei den kleinen Gasthof aus, der heute „Grauer Bär“ heißt und seither in Familienbesitz ist. Die älteste Tochter Maria Schmisl erweiterte das Haus nicht nur erheblich, sondern veränderte es immer wieder, modern und zeitgemäß, ohne die Tradition zu übergehen.

In der Küche beweist ihr Sohn Florian mit seinen heimischen Gerichten, leicht abgeändert und mit Südtiroler und internationalen „Einschlägen“ versehen, dass für ihn an erster Stelle das Produkt steht. Das ist ihm „extrem wichtig“. So kommen Ende August die Ötztaler Bergschafe von den Almen. Der Florian bereitet dann geröstete Berglammleber und Lammbeuscherl zu. „Das haben viele Leute nicht gekannt“, meint er und „bei mir wird alles vollständig verwendet und eigenhändig verkocht“.

Neben den Hausgästen finden sich zahlreiche Urlauber ein. Die Hochrippe vom Biorind – „die Kuh hat das hiesige Gras geweidet“ – oder das gegrillte Landhendlschnitzel von der Biohenne aus Österreich können auch im urigen Bärenstüberl mit den schön eingedeckten Tischen probiert werden. Spezialitäten wie die Ötztaler Weinnudeln, die in Glühwein baden dürfen, sind ein besonderes Schmankerl. Zu alldem gut mundend, empfiehlt Sommelière Bea vorwiegend österreichische Weine.

„Wollt ihr noch ein bisschen rasten?“, fragt Lisa, die Schwester von Florian, eine Gruppe, die gerade an der Rezeption zum Wandern aufbrechen will. Sie und ihr Mann Cyprian Gstrein kümmern sich ums Hotel. Die Söhne Julius und Samuel freuen sich jetzt schon, in die Fußstapfen ihres allseits beliebten Urgroßvaters Eugen zu treten.

GASTHOF GRAUER BÄR
Familie Gstrein
Dorfstraße 172, A-6450 Sölden
Telefon 00 43 (0) 52 54 / 25 64
www.grauer-baer.com

GIPFELTREFFEN

„Die Kultur hängt von der Kochkunst ab." (Oscar Wilde)

Hoch oben am Alpenhauptkamm, an der kehrenreichen Pass-Straße zum Timmelsjoch, hat Alban Scheiber aus Gurgl in den 60er Jahren bravourös das höchstgelegene Skigebiet der Alpen angelegt. Davon umgeben, steht unübersehbar an der Sonnenseite ein imposantes Gebäude: Es ist das Top Hotel Hochgurgl, ein Hoteljuwel, das heute von den Söhnen Attila und Alban Scheiber jr. geführt wird. Der Senior und passionierte Jäger hat darin eine 500 Jahre alte keltische Jagdstube mit einmaligen farbigen Ornamenten originalgetreu eingebaut. Dafür trug er das authentische Holz mit viel Akribie und Leidenschaft zusammen. Sie ist das Herzstück des winterlichen Domizils vieler Stammgäste. Weißer Pulverschnee und warme Sonne locken die Skifahrer von November bis Anfang Mai hierher, um an den bestens präparierten Hängen abzufahren.

Sie frönen nicht nur dem schwungvollen Wintersport, sondern auch den kulinarischen Genüssen, die vom Küchenchef Georg Zottl à la carte zubereitet werden. Im Speisesaal mit gemütlicher Kaminecke, in der hellen Sonnenstube, der einladenden Tirolerstube und im heimeligen Murmelstüberl werden klassische, tirolerische Küche und Internationales par excellence serviert. Das Spektrum ist breit: von der schmackhaften Gulaschsuppe für den kleinen Hunger über Ötztaler Skischmankerl bis hin zu gekochtem Hummer und körnigem Kaviar – Direktor Martin Kuprian liest seinen Gästen alle Wünsche buchstäblich von den Augen ab.

Unterhalb der weitläufigen sonnenumfluteten Terrasse steht die urige und beliebte Après-Skibar Top-Schirm markant direkt an der Piste. Darüber wacht ein Kircherl, das dem „Schutzengel" geweiht ist – für alle Sportler irgendwie doch ein beruhigendes Gefühl. An der Spitze der Wurmkogl-Bergbahn, auf 3000 Meter Höhe, heißt es dann Gipfeltreffen: Im futuristisch gebauten Top Mountain Star mit seiner Panoramabar kann man bei einer feinen Auswahl an Gerichten auf alle drei Dreitausender blicken, die schneebedeckt und majestätisch Seite an Seite einen gigantischen Ausblick versprechen. Dahinter geht am Abend stimmungsvoll die Sonne unter. Was kann es Schöneres geben, als dies in aller Seelenruhe immer wieder neu zu erleben?

ZWEIERLEI VON DER GAMS AUF KOHLFLECKERL
MIT KARTOFFELPOLSTERN UND WACHOLDERJUS
Dieses Rezept finden Sie auf der Seite 135

TOP HOTEL HOCHGURGL
Familie Scheiber
Hochgurglerstraße 8, A-6456 Hochgurgl
Telefon 00 43 (0) 52 56 / 62 65
www.tophochgurgl.com

EIN WINTERMÄRCHEN

„Die Königin der Kochrezepte ist die Phantasie.“ (Sprichwort)

ZITRONEN-KRÄUTER-BACKHENDL MIT KARTOFFEL-SPARGEL-SALAT UND BUTTERMILCHREMOULADE
Dieses Rezept finden Sie auf der Seite 136

Der vergletscherte Hochfirst ist mit 3403 m einer der höchsten Berge im Ötztal und bildet dessen Talabschluss. Als Valentin Gstrein 1934 das Hotel Hochfirst vor dieser faszinierenden Alpenkulisse erbaute, wurde der Grenzberg zu Südtirol zum Namensgeber. Das halbrund errichtete Gebäude, vom renommierten österreichischen K.u.K.-Architekten Ludwig Baumann gestaltet, war damals eine Sensation in Tirol.

Schon zu diesen Zeiten ein gefragtes Urlaubsdomizil, entwickelte sich das Hotel im Laufe der Jahre mit seinen umfassenden Um- und Zubauten zu einem Refugium für alle Erholungssuchenden. Geborgen im Gestern, immer offen für Neues, das ist die geltende Philosophie der Gastgeberfamilie Fender, die das exklusive Alpen-Wellness-Resort in der dritten und vierten Generation der Familie erfolgreich führt.

Gediegener Luxus allerorten: in der Lounge, an der Hotelbar bei einem Glas Champagner oder unter der Glaskuppel des Wintergartens mit seinem prächtigen Lüster, gefertigt von einem Tiroler Schmied und mit 600 glitzernden Kristallen behängt. Das genussvolle Leben findet hier überall seinen Platz. Im edel eingedeckten Restaurant werden morgens das Frühstück und abends ein 6-Gänge-Menü serviert, jeder Gang ein Gedicht für sich. Sinnlichkeit pur: das stilvolle À-la-carte-Gourmetstüberl mit seinen silbernen Kandelabern. Mit den kulinarischen Spitzenkreationen eines Haubenkochs wird dort das Diner bei mildem Kerzenlicht aufgetragen. Weltweite Raritäten liegen im Weinkeller. Der österreichische Top-Winzer Gernot Heinrich kreiert jährlich exklusiv den Hauswein Hochfirst-Cuvée für allerhöchste Ansprüche.

Tagsüber kann man von der großen Sonnenterrasse aus den regen Skizirkus beobachten, die präparierte Piste führt direkt an ihr vorbei. Was noch? Eine eigene Quelle, ein rauschender Wasserfall und eine gemütliche Tiroler Saunahütte. Hochfirst im Winter.

ALPEN-WELLNESS-RESORT HOCHFIRST
Familie Karl Fender
Gurglerstraße 123, A-6456 Obergurgl
Telefon 00 43 (0) 52 56 / 6 32 50
www.hochfirst.com

MENSCHEN IM HOTEL

„Nicht alles, was Genuss bereitet, ist auch wohltuend, aber alles, was wohltuend ist, bereitet auch Genuss." (Pythagoras)

TAFELSPITZ MIT RÖSTKARTOFFELN, BLATTSPINAT UND APFELKREN

Dieses Rezept finden Sie auf der Seite 137

Jeder Platz hat seine Geschichte. So auch das Hotel Edelweiß & Gurgl, das Stammhaus der weitverzweigten Familie Scheiber. 1908 wurde der „Gasthof z. Edelweiß" auf einem Werbeplakat noch so bekannt gemacht: „Obergurgl. 1927 m, Ötztal. Altrenommiert. Post und Telegraph. Täglich zweispännige Postfahrt für Gepäck nach Sölden." In den 30er Jahren des vergangenen Jahrhunderts bauten die Scheibers das Hotel Gurgl dran und vereinten es schließlich 1969 unter einem gemeinsamen Dachgiebel.

Heute wehen viele bunte Nationalflaggen vor dem monumentalen Gebäudekomplex inmitten von Österreichs höchstgelegenem Kirchdorf Obergurgl. So heißen Lukas und Tanja Scheiber nun in der vierten Generation in ihrem traditionsreichen Haus Menschen aus aller Welt willkommen.

Hier gibt es Stuben und Stüberl wie die À-la-carte-Gurglstube für vertraute kleinere Runden. Im geschmackvoll eingerichteten Speisesaal werden am Buffet lokale Spezialitäten, auch internationale Gerichte serviert. Der vom Gault Millau ausgezeichnete Chefkoch Alfred Renn verwöhnt Gourmets im urgemütlichen Haubenrestaurant Ramolstube, getäfelt mit über hundert Jahre altem Zirbenholz. Seine kulinarischen Kreationen werden schonend aus frischen, saisonal unterschiedlichen Zutaten und mit viel Liebe zum Detail zubereitet. Zusammen mit Souschef Christian Weiß wählt er dafür vorwiegend hochqualitative Produkte von regionalen Erzeugern. Milch und Butter stammen aus der Landwirtschaft des Seniorchefs, so auch das feinfasrige Rindfleisch vom heimischen Tiroler Grauvieh. Es zieht in der kochenden Brühe zum Tafelspitz heran, um dann auf der Zunge weich zu zergehen.

Im hellen Wintergarten und auf der Terrasse sitzen zufriedene Gäste, darunter auch viele Familien, umgeben von einer alpinen Natur, die hier im hinteren Ötztal atemberaubend ist. Wo im Sommer der Zirbenwald blüht, sind im Winter die Skifahrer bis vor die Haustür unterwegs. Einundzwanzig Dreitausender rundherum: Gurgl bedeutet „Ort im Gletscherkranz" – wie treffend.

HOTEL EDELWEISS & GURGL
Lukas Scheiber
Ramolweg 5, A-6456 Obergurgl
Telefon 00 43 (0) 52 56 / 62 23
www.edelweiss-gurgl.com

DIE WÜRTHSTAFERNE VON VENT

„Keine Liebe ist aufrichtiger als die Liebe zum Essen." (George Bernhard Shaw)

GAMSRÜCKEN UNTER KRÄUTERKRUSTE, FRISCHE STEINPILZE UND KÜRBISSPÄTZLE

Dieses Rezept finden Sie auf der Seite 126

Hinein ins hinterste Ötztal, hinein in das historische Bergsteigerdorf, hinein in die ehemalige „Würthstaferne", in den Gasthof Post in Vent. Nur 150 Seelen zählt die idyllische Gemeinde am Fuße der Wildspitze, dem höchsten Berg Nordtirols. Von hier aus geht es nur zu Fuß weiter, über einen steilen, unasphaltierten Weg hinüber nach Südtirol. Bereits 1337 wurde der damalige „Weinhof" urkundlich erwähnt, später als „Würthstaferne" bezeichnet. Er gehört zu den ältesten vier Höfen der geschichtsträchtigen Ansiedlung.

An dieser Stelle steht heute das sonnengelbe Gebäude des Hotels Post, geführt von der Familie Pirpamer & Moser. Das Familienwappen erzählt von der langen Tradition der Venter Wirtsfamilie Pirpamer. Nebendran widmet sich Carolines Bruder Markus mit vollem Einsatz seiner Landwirtschaft: Metzger, Jäger, Bauer und Wirt der durch den Ötzi Fund bekannt gewordenen Similaun-Hütte. Hand in Hand arbeiten sie, der Landwirt und der Gastwirt. Denn vom Revier stammen Gams und anderes Wild, vom Pirpamer-Hof Lamm, Rind und all die anderen bäuerlichen Produkte, die in der Küche zu kulinarischen Leckerbissen verarbeitet werden. Sonntags wird zum Festmenü geladen, ebenfalls unter der Prämisse „Bewusst Tirol" zusammengestellt, mit ausschließlich heimischen Produkten, bereichert von einer fein abgestimmten Weinbegleitung. Der Rahmen für so ein Menü: das behagliche Restaurant mit einem wohlige Wärme verbreitenden Kachelofen, bemalten historischen Bauernschränken und dem Duft von Zirbenholz.

Ums Wohlbefinden geht es auch in den lauschigen 35 Zimmern des Hotels. Komfortabel ausgestattet, können sich die Gäste nach einem Tag voller unvergesslicher Bergerlebnisse ausruhen. Vorher vielleicht noch hereinspaziert ins hauseigene Wohlfühlreich mit Saunadörfl, dann eine Weile eintauchen ins Schwimmbad, das die sympathischen Wirtsleute als „kleinen Bergsee" bezeichnen. Gestaltet in hochwertigem Ötztaler Granit, auch Gneis genannt, steht einer belebenden Erfrischung nichts mehr im Wege: bereit fürs 5-Gang-Abendmenü mit knackfrischen Salaten und vegetarischen Köstlichkeiten.

HOTEL POST
Familie Pirpamer & Moser
Venter Straße 47, A-6458 Vent
Telefon 00 43 (0) 52 54 / 81 19
www.vent-hotel-post.com

ALPINES SCHMUCKKASTERL

„Nach einem trefflichen Mittagessen ist man geneigt, allen zu verzeihen." (Oscar Wilde)

Wie ein vom Himmel gefallenes Kleinod steht das Hotel-Gasthaus „Der Pitztaler Kirchenwirt" inmitten des Weilers Plangeross. „Hier sind unsere kleinen Stübelen", sagt Markus Schütz. Der umgängliche Wirt und seine charmante Lebensgefährtin Nina führen zu Recht mit stolzer Freude durch den Gasthof, der schon seit 1876 in der schmalen Talsohle des hinteren Pitztales Gäste und Reisende beherbergt. Ein Schmuckstück. Die Gasträume, einer liebevoller eingerichtet als der andere, und der etwas größere Speisesaal bezaubern mit vielen Elementen aus vergangenen Zeiten. Originale schiefergraue Felsstücke lugen teilweise aus den dicken weißen Mauern, mit denen das Haus vor 400 Jahren gebaut wurde. Der Weinkeller zeigt sich als Raritätenkammer, dort hat es große Jahrgänge und edle Tropfen, nicht nur bei stattfindenden Events.

Rundherum wird das Land der Tradition folgend für den Gemüseanbau genutzt, und der gehört mit zur Philosophie des Kirchenwirts und seiner saisonalen und regionalen Geschmacksküche. Fast alles wird selbst gemacht: Fichten- und Löwenzahnhonig, Marmeladen, Rotes Holunder-Gelee und Sauerampferpesto. Gesammelte Kräuter wie krautige Schafgarbe und zarter Frauenmantel kommen immer wieder in den Topf. Frisch gemachte Aufstriche, wahrlich rustikale Delikatessen, schmecken am besten auf dem eigens dafür selbstgebackenen Brot aus dem Holzofen, der noch immer zwischen wildem Wein im Garten steht. Markus Schütz setzt auf althergebrachte Rezepte, die aber gut und gerne immer wieder neu interpretiert werden. Als Mitglied von „Kulinarisches Erbe Österreich" bewahrt er damit die genussvolle Geschichte Tirols.

Klein, aber fein: Nur 22 Zimmer zählt das Hotel. Darunter sind zwei, die neu ausgebaut eine besondere Atmosphäre bieten. Vom Himmelbett aus weitet sich der Blick auf den markanten Mittagskogel, Glücksgefühle stellen sich wie von selbst ein. Eine harmonische Oase der Ruhe für Menschen, die einfach mal „abtauchen" und genießen wollen.

LAMMNÜSSCHEN IN KRÄUTERN AUF GRAUPENGEMÜSE UND KARTOFFELCHIPS
Dieses Rezept finden Sie auf der Seite 119

DER PITZTALER KIRCHENWIRT
Markus Schütz
Plangeross 10, A-6481 St. Leonhard
Telefon 00 43 (0) 54 13 / 8 62 15
www.kirchenwirt-pitztal.at

DEM HIMMEL SO NAH

„Gutes Essen lässt Sorgen vergessen." (Sprichwort)

BUCHWEIZENTORTE
Dieses Rezept finden Sie auf der Seite 129

Als hätte eine fliegende Untertasse angedockt: Wie ein Ufo wirkt das Café 3.440 in seiner außergewöhnlichen Architektur. Auf 3440 Metern am obersten Punkt des Pitztaler Gletschers gelegen, ist es das höchste Kaffeehaus in ganz Österreich. In kürzester Zeit ist man über den unterirdischen Gletscherexpress an der Mittelstation angekommen, dann weiter mit der komfortablen Wildspitzbahn hinauf in luftige Höhen bis auf den Gipfel des Hinteren Brunnenkogels. Im ellipsenförmigen Bauwerk des Cafés, 2012 neu eröffnet, bietet die frei schwebende Terrasse einen Nervenkitzel der besonderen Art: Unter den Füßen geht es abenteuerliche 300 Meter weit hinunter. Belohnt werden Skifahrer im Winter und Wanderer im Sommer mit einem atemberaubenden Rundblick durch die großen Panoramafenster, an klaren Tagen schaut man über fünfzig Dreitausender bis nach Italien, Deutschland und in die Schweiz.

Hier oben, dem Himmel so nah, können rund einhundert Gäste hausgemachte Kuchen, Torten und Mehlspeisen genießen. Sie werden wenig tiefer, auf 2800 Metern von Konditor Norbert Santeler in der wiederum höchsten Konditorei Österreichs, sozusagen auf höchstem Niveau, gebacken. Die auch beim Gletscherfrühstück servierten Kaffeespezialitäten sind tatsächlich eine Wissenschaft für sich. Wasser hat in dieser Höhe einen Siedepunkt von 90 °C, deshalb benötigt man mehr Kaffeepulver und mehr Druck bei der Zubereitung. So ist nicht nur das Kaffee-Kochen eine Herausforderung für die Mitarbeiter, sondern durch diese besonderen Umstände auch eine Herausforderung für deren Befinden.

Neben dieser aufsehenerregenden Eventlocation, die auch exklusiv gemietet werden kann und abends ein Sonnenuntergangserlebnis von erhabener Schönheit bietet, gibt es auf der Bergstation des Gletscherexpress auf halbem Weg noch etwas zum Einkehren: Das Bergrestaurant Kristall mit seiner Bar auf der Sonnenterrasse bietet Tiroler Küche und Nudelgerichte zur Selbstbedienung. Genauso unkompliziert ist das auch auf der Sunna Alm, einer modernen Hütte am Hochgebirgssee Rifflsee. Da wartet Herzhaftes und Süßes beim herrlichen Alpenblick auf die umliegende Pitztaler Bergwelt.

CAFÉ 3.440
RESTAURANT KRISTALL
SUNNA ALM
Pitztaler Gletscherbahn & Rifflsee
A-6481 St. Leonhard im Pitztal
Telefon 00 43 (0) 54 13 / 8 62 88
www.tirolgletscher.com

BLICK AUF DIE ORTSCHAFT FISS IM OBERINNTAL

WINTERWANDERUNG IN DEN ALPEN

BERG. TAL. PASS.

Die Ortschaft Zams und der Raum um Schloss Landeck, wo der Inn und sein Tal ein jähes Eck beschreiben, war seit jeher ein wichtiger Verkehrsknoten. Die Sonnenhänge darüber, mit dem Dorf Stanz in der Mitte, sind seit Jahrtausenden ein begehrter Siedlungsplatz mit den höchstgelegenen Obstanbaugebieten Österreichs.

Wieder unten im Tal, liegt der kleine, beschauliche Ort Prutz, das Tor zum Kaunertal. Das milde Klima erlaubt es sogar, dass dort auf einer Höhe von 866 Metern Wein kultiviert wird. Die Straße windet sich den Berg hinauf nach Fiss, auf der Sonnenseite an dieser alten Römerstraße. Sie führt unvermutet vom Reschenpass nach Augsburg, nicht entlang der Talsohle, sondern über diese Hochstufe. Im Nebenort Obladis entspringt seit Hunderten von Jahren die Quelle „Sauerbrunn", deren Heilwasser als besonders wohltuend bekannt ist.

Wenn in den hohen Bergen der erste Neuschnee fällt, gehört hier ein Skiurlaub für viele zum Allerschönsten. Gipfel und Hänge glitzern im prächtigen Wintergewand und wenn die ersten Sonnenstrahlen die Bergspitzen berühren, dann gibt es kein Halten mehr. Das gilt auch für das Paznaun, das bei Landeck mit dem Zusammenfluss von Trisanna und Rosanna zur Sanna beginnt. Umgeben von der Verwallgruppe im Süden, der Samnaungruppe und der Silvretta im Norden, stehen im V-förmigen Hochtal an den Sonnenhängen viele Einzelhöfe und locker angeordnete Gehöfte, Rotten genannt. Im Tal gibt es weiter sechs größere Orte, deren Bewohner hauptsächlich vom Tourismus leben.

Vor allen Dingen das ursprünglich von den Rätoromanen besiedelte, einstige verschlafene Bergbauerndorf Ischgl hat sein früheres Gesicht grundlegend verändert und sich zum „angesagten“ und schneesicheren internationalen Wintersportort entwickelt. Die Saisoneröffnung wie auch der Saisonausklang werden regelmäßig mit großen Popkonzerten gefeiert, bei denen im Rahmen der „Top of the Mountains Concerts“ viele Stars aus der weltweiten Musikbranche auf der Bühne stehen.

Ganz anders dagegen Galtür. Der Haupterwerb des ersten offiziellen Luftkurorts in Tirol ist mit seiner bevorzugten Lage zwar ebenfalls im Fremdenverkehr begründet. Dennoch lässt sich hier die bäuerliche Vergangenheit noch deutlich spüren. Die Nutzung der Almweiden bis hinauf nach Wirl ist so alt wie die Besiedlung des Berglandes durch die romanischen Siedler, die die Almen rings über dem damals noch versumpften Talboden am Zusammenfluss von Vermunt- und Jambach bewirtschafteten.

Als wichtigste Verkehrsverbindung zwischen Tirol und Vorarlberg führt das Stanzer Tal in Ost-West-Richtung vom namensgebenden Stanz bei Landeck bis nach St. Anton am Arlberg. Einst ein bedeutender Passort, ist St. Anton mit seinen Ortsteilen Nasserein, St. Jakob und St. Christoph heute einer der bekanntesten Wintersportorte weltweit, was auch an seinem regen Nachtleben liegen mag. St. Anton gilt mit als Wiege des alpinen Skifahrens. Am 3. Januar 1901 wurde im geschichtsträchtigen Hospiz in St. Christoph der Ski-Club Arlberg gegründet und schon bald wurden erste Skirennen durchgeführt. 1907 kam der österreichische Skipionier und Schauspieler Hannes Schneider als Skilehrer nach St. Anton. Mit seiner Arlbergtechnik revolutionierte er den modernen Skilauf.

2001 wurde in St. Anton die Alpine Ski-Weltmeisterschaft ausgetragen. Ein großes sportliches Ereignis, durch das zahlreiche Neubauprojekte im Ort am Fuße des Arlberg-Passes entstanden. Das Wappen zeigt anschaulich drei Berge, grün mit weißen Spitzen, auf denen der Tiroler Adler thront. Die Magie dieser Berge spielt sich im stetigen Wechselspiel der Jahreszeiten ab: sattes Grün, glitzerndes Eis, Schneeschmelze und Blühen, tosende Wasser, duftende Wiesen und verschneite Wälder. Jede Menge Zeit für sommerliche und winterliche Freuden des Lebens – eintausendzweihundertvierundachtzig Meter über dem Alltag.

TIROLER LEBENSGEFÜHL

„Einfache Genüsse sind die letzte Zuflucht komplizierter Menschen." (Lord Kitchener)

Ach ja, die Gemse. Ein Tiroler Wirtshaus mit Leib und Seele. So nennen sich wohl viele, aber hier hat es Bestand. Und das seit Jahrhunderten. 726 erstmals urkundlich erwähnt, ist das historische Haus seit 1726 im Besitz der heutigen Wirtsfamilie Haueis. Die Vorfahren betrieben zunächst Landwirtschaft, später Weinhandel und begannen dann mit der Züchtung von Haflinger-Pferden. Ein besonderer Menschenschlag allesamt. Sie leben hier schon lange, lieben Tirol und das, was das Land so hergibt. Hier haben sie viele Ehrenzeichen für ihre Wertschätzung und Heimatliebe bekommen. Josef „Seppl" Haueis ist auch einer, der in seiner Gemse die alte Tradition auf nicht alltägliche Weise bewahrt und, wenn man so will, einer der Letzten seiner Art ist. Weil alles, was er in seinem Gasthof auf der Speisekarte anbietet, auf den umliegenden Feldern der eigenen, ererbten Landwirtschaft und im bäuerlichen Kräutergarten wächst und gedeiht.

Frisches Gemüse und schmackhafte Kürbisse werden zu Suppen und Pürees verarbeitet, dazu gibt es hausgemachtes Bündner Fleisch, geselchten Speck und würzigen Käse. Saftiger Apfelstrudel und sogar erfrischendes Eis kommen aus der jahreszeitlich angepassten Küche. Immer wieder werden neue Ideen eingearbeitet, dennoch „ist weniger mehr, und das richtig machen", meint der weltweit umhergereiste Küchenmeister, der oft auch das angebotene Wild im Herbst bei der Jagd selbst erlegt. Mit untrüglichem Gespür für das rechte Maß macht er aus all dem etwas ganz besonders „Geschmecktes". Er begeistert damit seine prominenten Gäste aus Gesellschaft, Wirtschaft und Kultur, die neben Radfahrern, Bergsteigern und Einheimischen hier schon immer ein und aus gehen. Unter dem großen Dach des Gasthofs, der dominant und prächtig mitten im Ort Zams steht, ist die Ursprünglichkeit sicht- und spürbar.

„Guat, jetzt kriegt's amal a Schnapserl", sagt die Wirtin noch zu der Gruppe von Wanderern, bevor sie sie in die nahegelegene, dazugehörige Pension Haueis zum Übernachten hinüberführt. Fürwahr: ein Wirts- und Gasthaus für Leib und Seele.

WIENERSCHNITZEL MIT KARTOFFELSALAT

Dieses Rezept finden Sie auf der Seite 127

POST GASTHOF GEMSE
Josef Haueis
Hauptplatz 1, A-6511 Zams
Telefon 00 43 (0) 54 42 / 6 24 78
www.postgasthof-gemse.at

VON ALLEN GUTEN GEISTERN

„Das Essen, nicht das Trinken brachte uns ums Paradies.“ (Wilhelm Müller)

Saftig grüne Marillen-Bäume, so weit das Auge reicht. In Reih und Glied stehen sie zu Tausenden rund um das puristisch gebaute Holzriegel-Haus der Brennerei Maass. Sie tragen reichlich süße Frucht, denn im warmen und niederschlagsarmen Talkessel von Prutz, nahe dem Kaunertaler Gletscher, gedeihen die goldgelben Bergmarillen ganz besonders gut. Auf 900 Meter Seehöhe legte Gerhard Maass den höchstgelegenen und größten Obstgarten Österreichs an. Obendrein werden Äpfel, Birnen, Zwetschken, Spenling, Kirschen und Weichseln geerntet. Der engagierte Turabauer-Brenner kauft Obst und vollreife Früchte in einer Qualität hinzu, die seine Lieferanten zum Brennen eigentlich viel zu schade finden. Und zwar höchstpersönlich dort, wo sie am besten wachsen. Daraus stellt er neben köstlichen Fruchtaufstrichen weltmeisterliche Brände her, die ihm auch 2014 auf dem Wettbewerb World Spirits Awards wieder einmal einen „Spirit of the Year“ einbrachten. Immer auf der Suche nach Neuem beginnt er nun gerade mit Whisky aus der gut gehüteten historischen hochalpinen „Fisser Imperialgerste“ zu experimentieren.

Fünfzig Sorten an Edelobstbränden und Likörspezialitäten destilliert der „Marillenkaiser“ in der gläsernen Schaubrennerei, ideal in das architektonisch stylishe Gebäude eingepasst. Hier stehen die großen beeindruckenden Brenngeräte aus glänzendem Kupfer, hier lädt auch ein großer Tisch zu Verkostungen ein. Im Verkaufsraum nebenan offeriert Renate Maass Marmeladen, Schokoladen, Senf und Pestos, alle mit eigenem „Schnaps“ verfeinert. In der Mitte wölbt sich eine hölzerne Palisadenwand behutsam zur Ellipse, zur „Schnecke“, wie Gerhard Maass sie nennt. Von außen recken hunderte von Flaschenhälsen ihre Korkverschlüsse der Sonne entgegen, innen drin zeigt sich ein „ganz gemütliches Platzl“ zum Degustieren. In dieser trauten Atmosphäre kann man sich ganz und gar auf das Aroma des Edelbrandes konzentrieren. Unvergleichlich: der Gusto der milden Bergmarille Goldrich – sie gehört zu den Rosenholz-Gewächsen – mit ihrer fruchtigen Note aus Rosentönen.

MAASS BRAND
Gerhard Maass
Obergasse 10a, A-6522 Prutz
Telefon 00 43 (0) 54 72 / 22 81
www.maass-brand.at

RESTAURANT MONTANA

HEUSCHAUMSUPPE MIT RUNDBLICK

„Essen ist ein Bedürfnis, genießen ist eine Kunst." (Francois de La Rochefoucauld)

Es gibt ein Dorf oben auf dem Berghang, es liegt auf einem breiten Sonnenplateau über dem Talboden des Oberinntals. Enge und verwinkelte Gassen prägen den Ortskern von Fiss mit seiner spätgotischen Pfarrkirche und lassen es sommers wie winters äußerst malerisch erscheinen.

Das Haus Montana steht mitten in den Bergen, aber nicht wie im Namensgeber aus dem gleichnamigen Evergreen „Oh my darling Caroline" am Waldesrain. Vor über vierzig Jahren haben Anton und Tilly Rietzler über den Dächern der kleinen Gemeinde das À-la-carte-Restaurant Montana eröffnet. Die Küche war und ist nicht nur kulinarischer Anziehungspunkt für Urlauber, auch viele der Einheimischen schätzen bis heute die bürgerlichen, regionalen und traditionellen Speisen, bereichert durch internationale Gerichte. Da steht „Fünferlei Zeug" als Vorspeisenteller auf der Karte, eine Heuschaumsuppe mit Blütenzauber und Weißbrotcroûtons, als Hauptgericht ein heimisches Wildragout, das der kreative Küchenchef Timo Burgmaier auf den Teller bettet. Am „Mohr im Hemd" als österreichische Süßspeisenspezialität kommt man dann wirklich nicht mehr vorbei. Hotelgäste erfahren im gemütlichen Ambiente der hellen Zirbenstube mit Herrgottswinkel zusätzlich ein täglich neu zu wählendes Halbpensionsangebot, auch aus der Genussküche.

Jürgen Rietzler und seine Frau Ivana führen das Familienunternehmen seit 2004. Nach und nach haben sie das Hotel großzügig erweitert. Entstanden sind freundliche, helle komfortable Zimmer und Appartements, einfach nur zum Wohlfühlen. Küche und Gastlichkeit sind geprägt vom Zusammenhalt der Familie Rietzler. „Wir begleiten unsere Gäste als Freunde durch den Urlaub und sind immer für sie da", meinen die beiden sympathischen Wirtsleute und setzen sich auch gerne mal mit dazu an die schöne Panoramabar unter dem offenen Glasdach im Wintergarten. Von hier aus zeigen sich die Berge zu jeder Jahreszeit von einer anderen Seite – immer von der besten.

HEUSCHAUMSUPPE „MONTANA"
Dieses Rezept finden Sie auf der Seite 138

HOTEL & RESTAURANT MONTANA
Ivana und Jürgen Rietzler
Latschthayaweg 10, A-6533 Fiss
Telefon 00 43 (0) 54 75 / 64 35
www.montana-fiss.com

Das kleinste Restaurant der Welt
GENUSSGONDEL
Serfaus · Fiss · Ladis

ZWISCHEN HIMMEL UND ERDE

„Auf die Berge will ich steigen.“ (Heinrich Heine)

Mühelos emporzufahren und dabei schwebend zu genießen, das beflügelt die Seele und beglückt den Feinschmecker auf erwartungsfrohe Weise. Diesen Wunsch kann man sich sommers bei einem königlichen Frühstück oder mit einem exklusiven 6-Gänge-Menü zu Mittag erfüllen. In der luxuriös ausgestatteten Genuss-Gondel am Schönjoch in Fiss gibt es bei zwei bzw. vier einzigartigen Runden kulinarische Hochgenüsse und fantastische Ausblicke auf die grandiose Bergwelt. Beim Start werden im Panoramarestaurant Bergdiamant – für sich schon einen Besuch wert – die ersten Köstlichkeiten aufgetischt. Während der rotierenden Fahrt nehmen die Gäste ein exzellentes Mahl ein. In luftiger Höhe zeigt sich die Küche aber nicht abgehoben, sondern bleibt bodenständig. Das ist dem gastronomischen Leiter Josef Kaschutnig bei allen Restaurants und Hütten am Berg besonders wichtig.

Im Bergdiamant werden die große Auswahl an feinen Torten, saftigen Kuchen und auch der gute alte Kaiserschmarren von den Konditoren selbst gemacht. Wie aus einer anderen Welt steht auf 2600 Meter der verspiegelte futuristische, geneigte Würfel Chrystal Cube großartig da, eingebettet in die atemberaubende Natur. Das Restaurant ist die höchste gastronomische Station der Fisser Bergbahnen und beweist mit den angebotenen typischen Tiroler Gerichten und bekannten Fingerfood-Klassikern, dass es auch kulinarisch hoch hinauf gehen kann.

Wie es sich für richtige Almen gehört, so haben auch die Möseralm und die Schöngampalm die Berge im Blick. Das urige Ambiente unterstreicht die echte Tiroler Gastlichkeit. Schließlich lädt noch das Genussrestaurant Zirbenhütte mit der großen Sonnenterrasse zum Schlemmen ein. Platz nehmen an eingedeckten Tischen und – genießen.

FISSER BERGGASTRONOMIE
GENUSSGONDEL
CRYSTAL CUBE.
BERGDIAMANT
ZIRBENHÜTTE
MÖSERALM
SCHÖNGAMPALM
Seilbahnstraße 44, A-6533 Fiss
Telefon 00 43 (0) 6 76 / 7 33 35 16
www.serfaus-fiss-ladis.at

GIPFEL-GENUSS

„Eine wahrhaftige und gute Küche besteht zu neunzig Prozent aus hochwertigen und frischen Zutaten und zu zehn Prozent aus Phantasie." (Paul Bocuse)

Die schöne, alte Holztüre führt direkt hinein ins kulinarische Himmelreich des Hotels Trofana Royal, hinein in das Haubenrestaurant Paznaunerstube. Meister am Herd ist seit 1996 Küchenchef Martin Sieberer, der hier die höchste Schule der Kochkunst zelebriert. Gekrönt mit 3 Gault-Millau-Hauben, einem Michelin-Stern und vielen geschätzten Auszeichnungen, verwöhnt er Gourmets aus nah und fern sowohl mit seinen bodenständigen Klassikern als auch mit immer wieder neuen, feinen und ideenreichen Genusskreationen. Alle wissen es: Martin Sieberer kocht frisch und natürlich, verführerisch und raffiniert. Im pittoresken Ambiente der 500 Jahre alten originalen Zirbenholz-Stube mit ihren aufwändigen Schnitzereien erfahren die À-la-carte-Gäste den Gipfel des Genusses.

Dazu das Staunen über eine wahre Schatzkammer: In der Dining-Room-Vinothek lagern rund 25 000 Flaschen erlesener Weine aus Österreich und großer Weine aus aller Welt, persönlich verkostet von den Trofana-Hausherren Hans und Alexander von der Thannen, deren Leidenschaft das Sammeln edler Tropfen ist. Drei namhafte Sommeliers unterstützen die Gäste verlässlich bei der Auswahl. Ischgls allererste Adresse bietet auch mit ihren anderen sechs reizvollen Restaurants, namentlich angelehnt an die österreichische Geschichte wie Maximilianstube oder Kaiserstube, und in der angrenzenden urigen Trofana-Alm erlebnisorientierten Lifestyle und eine ausgewogene Küchenvielfalt für jeden Geschmack.

Hans und Margot von der Thannen eröffneten 1996 das gediegene Fünf-Sterne-Haus, nur zweihundert Meter von der Silvretta-Seilbahn entfernt. Dezenter Luxus bestimmt seither das charmante Ambiente. 2014 wurde der exklusive Wellness- und Beauty-Bereich völlig neu gestaltet und verspricht Entspannung auf höchstem Niveau – wie alles im royalen Trofana.

PAZNAUNER HIGHLÄNDER MIT GEMÜSE-PILZ-GRÖSTL
Dieses Rezept finden Sie auf der Seite 138

HOTEL TROFANA ROYAL
Alexander von der Thannen
Dorfstraße 95, A-6561 Ischgl
Telefon 00 43 (0) 54 44 / 6 00
www.trofana.at

Hotel
Hotel Sonne Restaurant Cafe
HOTEL
SONNE
Hotel Sonne
Hallenbad
Sauna

HIN ZUR SONNE

„Wer nicht genießt, wird ungenießbar.“ (Konstantin Wecker)

PAZNAUNER REHRÜCKEN IM ROHSCHINKENMANTEL
MIT PREISELBEER-BALSAMICO-SAUCE,
EIERSCHWAMMERLRAVIOLI UND BLAUKRAUT
Dieses Rezept finden Sie auf der Seite 140

Ursprung, Heimat, Liebe und Feinschmeckergenuss – all dies zusammen an einem Platz. Der Ursprung 1970, als Agnes und Eugen Zangerl den alten Gasthof Sonne mitten im Zentrum von Ischgl in Besitz nahmen. Tüchtig waren sie, die Hotelierin Agnes und Eugen, der mutige Bergführer und sportliche Skilehrer der ersten Stunde im einstigen Bergbauern- und jetzigen Eventdorf Ischgl. Dass die Familie Zangerl nach wie vor aufs Engste mit ihrer Heimat verbunden ist, wird auch im heutigen strahlenden Top Hotel Sonne sichtbar. Gerne lassen sich die Gäste von der Begeisterung für die gewaltige Natur und Ursprünglichkeit des Paznauntals anstecken.

Und dann die Liebe: Tochter Sonja und ihr Peter, seinerzeit jüngster Küchenmeister Österreichs, haben sich im elterlichen Hotel kennengelernt. Seit fast fünfzehn Jahren bilden sie nun eine erstklassige Symbiose: Rezeption und Gästebetreuung liegen in weiblicher Hand, Küche und Restaurant führt der Chef. Zum Familienleben gehören neben Senior-Chefin Agnes noch Chiara und Luca, echte „Sonne(n)“-Kinder eben.

Küchenchef Jörg Pfeifer kocht mit seinem eingespielten Team unverfälschte heimatliche Spezialitäten, wie einen frischen Tafelspitz, auch wechselnde Klassiker, so etwa die nur noch selten angebotenen Weinbergschnecken, dazu internationale Gerichte. Drei 5-Gänge-Menüs stehen den Gästen zur Wahl. Zur Begrüßung dürfen sich die Gäste einmal in der Woche über ein Galadiner freuen, beim wöchentlichen Tiroler Abend wird österreichische Hausmannskost aufgetischt. Im À-la-carte-Restaurant „Sunnalm“ gibt's zu später Stunde auch täglich Livemusik. Will heißen: „Feiern bis d'Sunn“ aufgeht. Wem das vielleicht zu viel ist, der kann im urigen Gewölbe des hauseigenen Weinkellers Weine aus aller Welt verkosten. Oder in Peter Gilg Zangerls Kochbuch „Cooking“ schmökern, in dem er seine beliebtesten Rezepte verrät.

Im traditionell gemütlichen und mit moderner Eleganz ausgestatteten Hotel lassen sich wahrhaft erholsame Momente erleben – auch in der „Kuschelwelt“ der lauschigen Zimmer.

TOP HOTEL SONNE
Sonja und Peter Zangerl
Dorfstraße 57, A-6561 Ischgl
Telefon 00 43 (0) 54 44 / 53 02
www.sonne-ischgl.at

BACKTRADITION UND LIFESTYLE

„Der Mensch lebt nicht vom Brot allein.“ (Matthäus, Kapitel 4, Vers 4)

Das Glück kann überall sein, auch zwischen dem Duft von frisch gebackenem Brot und anderem köstlichen Backwerk, zwischen Schlemmer-Kipferl-Frühstück, Süßem wie Strudeln und Torten, Kuchen und Allerlei für zwischendurch: Die Rede ist von der Bäckerei und Konditorei Kurz, die seit vier Generationen die Menschen im Paznaun mit Backwaren verköstigt. Seit dieser Zeit vertrauen die Kunden der Ischgler Bäckerei auf die Tradition des alten Bäckerhandwerks, gutes und schmackhaftes Brot und Gebäck herzustellen. Und nicht nur das: Auch in allen anderen Backwaren, der Feinbäckerei und den Konditoreiprodukten stecken nur naturbelassene Zutaten österreichischer Herkunft.

Damit verbürgen sich Hannes und Sandra Kurz für die gleichbleibende Qualität aller Produkte, die jeden Tag frisch aus der rückwärtigen Backstube kommen: „Es muss schmecken, es muss guttun, es ist die Visitenkarte unserer Heimat“, sagen sie und zeigen damit, wie eng sie mit der Region verbunden sind. Einer mag was Herzhaftes, einer mag was Süßes, für alle wird gesorgt. Deshalb steht eine umfangreiche Palette nicht nur in der üppig bestückten Theke des Hauptgeschäftes, sondern auch in den Filialen in Galtür und im neu erbauten Laden im nahen Mondin bereit.

Hannes Kurz wurde 2008 mit seiner Konditorei vom Gault Millau für heimische Mehlspeisen- und Konfiseriekunst ausgezeichnet. Und das nicht von ungefähr: Seine kreative Ischgl Lifestyle-Torte, eine Symphonie aus dunkler und weißer Schokolade mit erlesenem Zwetschken-Edelbrand und dem feinen Geschmack leicht-herber Preiselbeeren, ist eine Referenz an den ebenso innovativen Lifestyle-Ort der Sonderklasse. In der Form eines Berges, überzogen mit weißer Schokolade, symbolisiert der gute, saftige Blechkuchen „Der Gipfelstürmer“ die schöne Paznauner Berglandschaft – ein exklusives Mitbringsel für alle Daheimgebliebenen.

ZWETSCHKENKUCHEN
Dieses Rezept finden Sie auf der Seite 141

BÄCKEREI KONDITOREI KURZ
Hannes und Sandra Kurz
Dorfstraße 53, A-6561 Ischgl
Telefon 00 43 (0) 54 44 / 52 11
Dorfplatz 44, A-6563 Galtür
Telefon 00 43 (0) 54 43 / 83 02
www.baeckerei-kurz.at

Hofkäserei
Huber

DER KÄSEKÖNNER

„Käse macht erst geschickt die Zunge, Wein zu schmecken." (Heinrich von Kleist)

KARAMELLISIERTER KUHFRISCHKÄSE,
TOMATENCARPACCIO UND WILDKRÄUTERSALAT
Dieses Rezept finden Sie auf der Seite 141

Hermann Huber nimmt seinen preisgekrönten Paznauner Almkäse liebevoll aus dem Regal, hält ihn vorsichtig in den Händen und streicht zärtlich über den Laib: Der Schnittkäse aus der Rohmilch seiner Kühe ist sein ganzer Stolz. Sie weiden nur die besten Gräser ab. Deshalb geht es auch bei den auf der eigenen, hochalpinen Landwirtschaft erzeugten Weichkäsen „Edelweiß" und „Aschenputtel" – in Pflanzenasche gereift – um den ganz besonderen Geschmack. Empfindlich, anspruchsvoll und ein bisschen eigen: Käse will sorgfältig behandelt werden. Wer könnte das besser als der Küchenchef des Hotels Almhof in Galtür und Obmann der Genuss-Region Paznauner Almkäse? Vor fünfzehn Jahren hat er die Liebe zum Käsemachen entdeckt und die kleine Hofkäserei zu einer der erfolgreichsten ihrer Art in Österreich gemacht. Seine Söhne Philipp und Patrick „haben sich mittlerweile vom Virus Käsemachen infizieren lassen", so Hermann Huber pfiffig. Nun gehen gleich drei Käsekönner auf der von blühenden Wiesen umsäumten Faulbrunnalm ihrem aufwändigen Handwerk nach.

„Es dauert eine Zeitlang, bis ich zufrieden bin", meint der umtriebige Affineur und zeigt auf die vielen goldgelben Käselaibe, die im teilweise freigelegten Felsenkeller in natürlicher Feuchtigkeit monatelang reifen. Zuerst werden sie, einer nach dem anderen, in der Salzlake gebadet, dann täglich gewendet und gebürstet, bis sie durch die beigefügten Rotschmier-Kulturen beginnen, eine orange-rotliche Farbe anzunehmen. So entfalten alle Erzeugnisse der Hofkäserei einen Wohlgeschmack, der nicht nur die wählerischen Kollegen des Clubs der Paznauner Köche überzeugt. Die hauseigenen Käse- und Butterspezialitäten können die Gäste des Almhofs im Restaurant genießen oder bei der Hausherrin Erika Huber bestellen und nach einem erholsamen Aufenthalt mit nach Hause nehmen.

HOFKÄSEREI HUBER/HOTEL ALMHOF
Hermann Huber
Wirl 4, A-6563 Galtür
Telefon 00 43 (0) 6 64 / 2 53 35 43
www.huber-hotels.at

DAS DORF DER OBSTBRENNER

„Essen ist ein Bedürfnis des Magens, trinken ein Bedürfnis des Geistes." (Tillier)

Ein ganz besonderes Lüfterl weht hier oben, im malerischen Bergdorf Stanz, das wie hingestreut am Hang oberhalb von Landeck liegt. Es sind der Duft und das intensive Aroma der vollreifen Früchte aus den Obstgärten, die auf dem sonnigen Plateau in 1000 Meter Seehöhe beste Bedingungen zum Gedeihen vorfinden. „Wir haben hier heiße Tage und kühle Nächte", erzählt Brenner-Obmann Markus Auer. „Dieser Wechsel lässt das Obst vollmundig werden und gibt ihm im Herbst immer noch einen Zuckerschub." Das tut den Früchten wie Äpfeln, Birnen, Kiwis, Marillen, Pfirsich und Vogelbeeren und vor allem den Stanzer Zwetschken gut. Sie wurden hier schon seit Kaiserin Maria-Theresias Zeiten gebrannt, damals noch zu profanem Schnaps als Medizin für das Volk.

Vor 20 Jahren haben die 90 Nebenerwerbs-Brenner in den 54 Brennereien der kleinen Gemeinde angefangen, allerfeinste Edelbrände von höchster Güte zu destillieren. So gelangte nicht von ungefähr ihr würziger Zwetschken-Brand zu großer und prämierter Berühmtheit. Der Spänling, biologisch eine Wildpflaume, wächst unkultiviert auf, ist extrem fruchtig und muss sehr schnell verarbeitet werden. So wird von September bis Dezember nach und nach geerntet und anschließend jeweils sofort gebrannt. Dadurch entstehen facettenreiche Brände. Das Geschmacksspektrum der Zwetschke findet sich in jedem individuellen Brand wieder. Er ist eine Spezialität des Tiroler Oberlandes und nur hier zu finden. Die gelebte Authentizität der Brennereien und die Wertschätzung der heimischen Alltagskultur beeindrucken auch den Regionalentwickler und Raumplaner Andreas Falch, der sich mit der Verbesserung von Ortsstrukturen und Dorferneuerungen befasst.

An jedem ersten Sonntag im September heißt es dann: Stanz brennt! Die blaue Zwetschke steht dann voll im Mittelpunkt. „Zum Genießen braucht man drei Dinge: eine Nase, einen Gaumen und Zeit", schwärmt Obmann Auer und schnuppert am eigens für Stanzer Brände gefertigten Glas, das die Fruchtaromen besonders gut zur Geltung bringt. Beim Verkosten und beim Spaziergang durch die Schaubrennereien werden auch Marmeladen, saftige Kuchen und süße Knödel angeboten. Alles Zwetschke – oder was?

STANZER ZWETSCHKENRÖSTER

Dieses Rezept finden Sie auf der Seite 142

BRENNEREIDORF STANZ
Obmann Markus Auer
Stanz 171, A 6500 Stanz bei Landeck
Telefon 00 43 (0) 6 76 / 53 50 05 3
www.brennereidorf.at

HOTEL TANNENHOF

AUF HÖCHSTEM NIVEAU

„Wenn alle Künste untergeh'n, die holde Kochkunst bleibt bestehen." (George Meredith)

SAIBLING AUS DEM OFEN MIT
ERBSEN UND PFIFFERLINGEN
Dieses Rezept finden Sie auf der Seite 142

Wichtig ist, dass sich unsere Gäste hier zuhause fühlen und dennoch Tirol spüren", das sagen Axel Bach und Judith Volker, die charmanten Gastgeber im De-luxe-Refugium Tannenhof in St. Anton am Arlberg. „Bei uns geht fast alles", so ihr Credo und sie freuen sich auf die Besucher aus vielen anderen Kulturen, denen sie gerne ein Stück Tiroler Leben verwirklichen wollen.

1925 vor dem Hang mit dem saftig-dunkelgrünen Tannenwald, hoch oben im Ortsteil Nasserein, als Gasthof erbaut, wurde der Tannenhof in den 60er Jahren des vergangenen Jahrhunderts zum Domizil für Gäste aus höchsten Kreisen. Mitglieder aus den Königshäusern Europas konnten hier ungestörte Tage verbringen. So ist das noch heute. Es sind Menschen, die allgemein ein anspruchsvolles Leben führen und sich hier den eigenen Sinnesfreuden uneingeschränkt hingeben können. Dafür haben die beiden Hoteliers alle nur denkbaren Services wie etwa einen Shuttle ins Dorf oder gar bis zum Flughafen geschaffen. Im großzügigen Spa gönnen sich die Erholungssuchenden eine Auszeit der sehr privaten und besonderen Art: Blick auf die Berge, dabei schwimmen im weiten Außenpool oder sich entspannen im Whirlpool. In der Spa-Lounge werden ganzheitliche Behandlungen mit biologischen Produkten auf Pflanzenbasis aus Kräutern der Alpenflora angeboten. Die Naturkräfte aus dem Energie-Urstein Silberquarzit übertragen sich bei den Anwendungen – ein Reinigungsritual für die Achtsamkeit auf sich selbst.

2011 wurde das Tiroler Haus mit der klassischen Holzfassade im alten Stil völlig neu aufgebaut. Es hat dabei ein sehr modernes, zeitgemäßes Innenleben bekommen. Individuelle Einrichtungen wie diese leben von der faszinierenden Spannung aus variierenden Materialien. Steine und Holz aus der umgebenden Natur sind in bester Handwerkskunst verarbeitet. Aus den ursprünglichen dreiundzwanzig Zimmern entstanden sieben exklusive Suiten, eine über zweihundert Quadratmeter groß und jede mit eigenem wohligen Kamin. Alle sind sie nach Süden ausgerichtet, um die einmalige Aussicht genießen zu können.

RINDERFILET UND -RIPPE MIT SELLEREIEPÜREE UND LIEBSTÖCKELEMULSION

Dieses Rezept finden Sie auf der Seite 123

Die Erwartungen, die das stilvolle Ambiente im Gourmet-Restaurant mit seinem Relikt aus dem alten Tannenhof, einer 400 Jahre alten Zirbenholz-Decke, weckt, werden kulinarisch vom gebürtigen Tiroler und Drei-Hauben-Koch Christoph Zangerl aufs Schönste erfüllt. So weit wie möglich verwendet er die Produkte aus dem alpinen Gebiet rundherum. Käse, Gemüse und Fleisch, auch Fisch wie Saibling, Huchen und Forelle stammen von hier. So empfiehlt das Team um den Küchenchef auf der Karte ein „Creative Alpine Menu" unter den sinnbildlichen Offerten „Am Waldesrand", „Zuger Fischteich", „Rind aus dem Tale", „Jagdfieber", „Unterm Kirschbaum" oder „Schulerinnerungen" für das Süße. „Die Tiroler Küche machen wir nicht zu rustikal", meint der phantasievolle und einfallsreiche Christoph Zangerl: So serviert er zum „Hecht mit Herz" eine Zwiebel mit vier verschiedenen Komponenten. Für Vegetarier wird beispielsweise die Ur-Möhre „Blaue Karotte" mit etlichen Texturen und Garverfahren verarbeitet. Das alles auch für Connaisseurs, die nicht im Hause wohnen. Für die Sommerküche steht draußen auf der sonnigen Terrasse auch ein Grill. Sie ist über dem plätschernden Felsenbrunnen eine wahre Aussichtskanzel, hinein in den Talkessel des Stanzertals, das in St. Anton endet.

Die Weinkarte im rustikalen Holzdeckel hat es in sich: Von Spitzensommelière Paula Bosch erstellt, enthält sie über vierhundert Positionen mit Klassikern, speziellen Weinen von kleineren Weingütern und von dynamischen Winzern, die regional auf natürliche Weise keltern. Die Sortenvielfalt aus Österreich und Frankreich, zunehmend auch aus Deutschland, die im kleinen Gewölbe – dem Caveau – lagern, veranschaulicht kundig der junge Sommelier Thomas Glas, der zu jedem Gericht das Richtige empfiehlt. Bonvivants willkommen.

HOTEL TANNENHOF

Axel Bach und Judith Volker

Nassereinerstraße 98, A-6580 St. Anton am Arlberg

Telefon 00 43 (0) 54 46 / 3 03 11

www.hoteltannenhof.net

TIROLER EINKEHR

„Kochen ist eine Kunst geworden, eine hohe Wissenschaft, Köche sind Gentlemen." (Robert Burton)

TIROLER BAUERNGRÖSTEL MIT WACHTELEI

Dieses Rezept finden Sie auf der Seite 120

Schon vor über 460 Jahren stand ein Gasthof hier an der Arlbergstraße, der Gasthof zum Schwarzen Adler. Von der damaligen typischen Tiroler Einkehr für weitgereiste Fremde und erschöpfte Fuhrleute zeugt noch heute die originale „Alte Stube", seit dieser Zeit das Schmuckstück des Hotels Schwarzer Adler. Im dunkelgetäfelten À-la-carte-Restaurant stehen edel eingedeckte, wertvolle Intarsientische, an denen für die Gäste nach allen Regeln der Kochkunst angerichtet wird.

Würdevoll auch das Ambiente des Restaurants, das 1926 vom angesehenen Architekten Clemens Holzmeister gestaltet wurde: Das historische Gewölbe wird von kunstvoll geschnitzten Säulen getragen. Hölzerne Adlerköpfe wachen über die Verwöhnpension: Vom Bio-Schlemmerfrühstück bis zum abendlichen 5-Gänge-Wahlmenü gibt es hier alles, was das Herz begehrt. Die Obhut über die Küche hat Stephan Dailer, der zusammen mit seinem Team alle Einkehrer mit einheimischen Spezialitäten und überregionalen Speisen gourmetverdächtig überrascht. Die lukullischen Köstlichkeiten, die diese Küche verlassen, sind mit tadellosen, frischen Grundprodukten zubereitet. Im kühlen Weinkeller achtet Diplom-Sommelière Christa Fleschutz darauf, dass bei den Degustationen die Gläser nur mit den besten Weinen gefüllt werden.

Beim Spaziergang durch das Haus merkt man, dass sich hier Tradition und Moderne auf besondere Art und Weise vereinen. Duftende Spa-Rituale mit verschiedenen Themen, Heubäder und alpine Honig-Zirbenbäder im großzügigen Wellness-Bereich mit Infinity-Pool, sieben vielgestaltigen Saunen und Dampfbädern. Jedes der alpin-eleganten Zimmer hat seinen individuellen Charme; vom Balkon aus kann man auf den Hohen Riffler der Verwallgruppe schauen und den Stockibach plätschern hören.

Seit vier Generationen befindet sich der ehrwürdige Schwarze Adler mit seinen historischen Freskenmalereien im Besitz der Familie Tschol. Franz und Edith Tschol bewirten heute mit jener Tiroler Eleganz, die für niveauvolle Gastlichkeit in St. Anton steht.

HOTEL SCHWARZER ADLER
Franz Tschol
Dorfstraße 35, A-6580 St. Anton am Arlberg
Telefon 00 43 (0) 54 46 / 2 24 40
www.schwarzeradler.com

HOSPIZ

LEGENDÄRES AM ARLBERGPASS

„Kein Genuss ist vorübergehend, denn der Eindruck, den er zurücklässt, ist bleibend." (Johann Wolfgang von Goethe)

KNUSPRIGER SCHWEINESCHWANZ
AUF MEDITERRANEM GEMÜSE

Dieses Rezept finden Sie auf der Seite 122

Es sind nur eine Handvoll Häuser, die wie vom Himmel gefallen und im Winter tief verschneit unterhalb des Arlbergpasses liegen. Schon von weitem ist das etwas trutzige Gebäudeensemble des Arlberg Hospiz Hotels sichtbar, das das kleine Hideaway St. Christoph zwischen Lechtaler Alpen und dem Verwallgebirge prägt. Inmitten großartiger Natur hat der Bau allen Stürmen der Zeit widerstanden. Wer den kurvenreichen Weg hier hinauf findet, der kann auf Schritt und Tritt Geschichte spüren, ohne die es hier einfach nicht geht.

Im 14. Jahrhundert erbaute der Hirte Heinrich Findelkind aus Kempten an dieser Stelle die erste Herberge für Reisende, die den beschwerlichen Weg über den Arlberg nehmen mussten. Die spätmittelalterliche Unterkunft war sechs Jahrhunderte lang ein schützender Platz und lebensrettende Zuflucht vor den Unbilden der wilden Natur. Die 1386 gegründete Benefiz-Bruderschaft St. Christoph ist bis heute mit ihren Hilfsangeboten im Sinne von Findelkind tätig.

Zwischenzeitlich war das historische Gebäude dem Verfall preisgegeben, bis es schließlich samt der dazugehörigen Kaplaneikirche St. Christopheros unter Denkmalschutz gestellt wurde. Der moderne Alpin-Skilauf eroberte um 1900 die Gebiete um St. Anton: Am 3. Januar 1901 wurde im Hospiz in St. Christoph der Ski-Club Arlberg gegründet. Davon zeugt die Skiclub-Stub'n, die sich an das warme und wohlige Kaminzimmer als Herzstück des Hotels fügt. Umgeben vom opulenten Mobiliar auf dem ehrwürdigen Steinboden, fühlen sich die hier logierenden illustren Gäste doch in der jetzigen Zeit angekommen. Ungewöhnliches und Erfolgreiches innerhalb der alten Gemäuer.

Das ist insbesondere dem Hotelier Adi Werner und seiner Frau Gerda zu verdanken, die in den 60er Jahren des vergangenen Jahrhunderts ihr traditionsverpflichtendes Credo offenkundig in die Tat umgesetzt haben. Sohn Florian Werner, der heutige „Herbergsvater", hat 1997 die Geschäftsleitung übernommen und führt das luxuriöse Haus unprätentiös zusammen mit seiner Frau Ursula. Der engagierte Kunstliebhaber präsentiert in seiner Hotelgalerie mit Bildern, Skulpturen und Installationen die Werke zeitgenössischer Künstler in einem eleganten Rahmen. Im Sommer 2016 wird die Kunsthalle arlberg1800 mit Konzerthalle und Ausstellungsbereich eröffnet.

ATEAU-FIGEAC
St ÉMILION
2000
159
76
BRANON

ROSA RINDERFILET IM SCHWARZBROTMANTEL
MIT ROTER BETE UND SAUERRAHM

Dieses Rezept finden Sie auf der Seite 143

Mit dem legendären Weinkeller des Hospizes hat sich Seniorchef Adi Werner ein persönliches Denkmal gesetzt. Heinrich Findelkinds denkwürdiges und gnadenreiches Gewölbe des Bruderschaftskellers ist eine wahre Wunderkammer für hochkarätige Weine, die ihresgleichen suchen. Das Beste, vorwiegend aus Österreich, aber auch aus der ganzen Welt, hat der gesellige und weltoffene Connaisseur zusammengetragen. Eine große Auswahl aus dem Bordeaux reift hier unter optimalen klimatischen Bedingungen heran, gesichert hinter kunstvoll geschmiedeten Gittern. Nicht nur diese edlen roten Tropfen passen hervorragend zur Küche unter der Ägide des Haubenkochs Mathias Seidel. Jeden Tag hält sie in den verschiedenen Restaurants unter dem Motto „Dine Around" feine Überraschungen parat. Hier speist man wirklich vorzüglich. Althergebracht, angepasst, abgewandelt, verfeinert: Klassische österreichische Küche und Mediterranes leicht und neu interpretiert – so schauen die exquisiten Abendessen und Genussarrangements im Arlberg Hospiz aus.

Die Luxus-Suiten der Hospiz Alm-Residenzen und das Chalet Skyfall, direkt neben der Piste am Fuße des Galzig, verbreiten Behaglichkeit. Im Hospiz Alm-Restaurant wird in gemütlichen Stuben oder auf der großen Sonnenterrasse zu Mittag gegessen und abends mit einem Gourmet-Menü aus der Haubenküche leger diniert. Im Keller darunter befindet sich auch Europas umfangreichste Sammlung an Bordeaux-Groß-Weinflaschen – legendär wie fast alles im Hospiz.

ARLBERG1800 RESORT
Florian Werner
St. Christoph 1, A-6580 St. Anton am Arlberg
Telefon 00 43 (0) 54 56 / 26 11
www.arlberg1800.at

JURIS
PANNOBILE

ATMOSPHÄRE IN ST. ANTON

„Ein Leben ohne Feste gleicht einer weiten Reise ohne Einkehr." (Demokrit)

Das ursprüngliche Bauerndorf St. Anton war eine wichtige Station am alten Salz- und Handelsweg, der von Italien und dem Inntal her über den Arlbergpass in die westlichen europäischen Länder führte. „Zur Alten Post" hieß die behäbige Tiroler Herberge. Seinerzeit konnten hier Fuhrleute, Reisende und Pilger – auch vornehme Herrschaften mit ihrem Gefolge – von ihren Strapazen ausrasten, bevor der beschwerliche Weg über Berg und Tal weiterging. Die „Post" des umtriebigen Wirtes und Postmeisters Franz Schuler war eine beliebte Raststätte, auch für Postkaleschen und Ausflugskutschen.

Die Zeit der Postkutschenromantik ist längst vorbei. Mit der Entwicklung des neuen alpinen Skisports im 19. Jahrhundert und des fortschreitenden Fremdenverkehrs erbaute Schulers Sohn Franz 1896 das Hotel Post. Die Gästeliste wies Prominenz aus Wissenschaft, Politik, Wirtschaft und Kunst auf. Auch große Namen aus Fürstenhäusern waren vertreten. Durch den Ausbau des bedeutenden österreichischen Architekten Clemens Holzmeister avancierte das Haus zum modernen Sporthotel. In den siebziger Jahren des vergangenen Jahrhunderts erwarb die Familie Alber das Hotel, das unübersehbar imposant mitten in St. Anton steht.

Im Türrahmen des À-la-carte-Restaurants ist „Post Stub'n" eingeschnitzt, im großen Speisesaal hängen prätentiös Kristall-Lüster, unter denen fein getafelt wird. „Daham is daham, eine ehrliche Küche haben wir", schmunzelt Küchenchef Herbert Haid und erzählt vom Zweierlei vom Arlberger Kräuterschwein und vom Besten aus Bauerntopfen als Dreierlei. Diplom-Sommelier Heimo Niederhammer kredenzt dazu allerbeste Tropfen.

„Die St. Antoner Atmosphäre mit ihrer skisportlichen und gesellschaftlichen Eigenart war hier in der Post schon immer typisch und wird es auch bleiben", meint Direktor Norman Griesser. Moderne Gastlichkeit mitten drin im Erlebnis.

DUETT VOM KRÄUTERFERKEL

Dieses Rezept finden Sie auf der Seite 121

HOTEL POST
Familie Alber
Walter Schuler-Weg 2, A-6580 St. Anton am Arlberg
Telefon 00 43 (0) 54 46 / 2 21 30
www.hotel-post.co.at

BLICK AUF DIE WETTERSTEINWAND MIT BLUMEN IM VORDERGRUND

REZEPTE

MEZZE LUNE TERRA E MARE

Restaurant SoloVino/SoloPasta, Seite 24

ZUTATEN FÜR 4 PERSONEN

NUDELTEIG

250g Mehl, 2 Eier, 1 EL Olivenöl, 1 TL Salz, etwas Wasser bei Bedarf

FÜLLUNG

Ca. 500g Wolfsbarsch im Ganzen, 1 Stange Lauch, 2-3 EL geriebener Parmesan, 1 Ei, 1 Prise Salz, Pfeffer und Muskatnuss zum Abschmecken

SALSA

1 Karotte, 1 Zwiebel, ca. 100g Kalmar, 250g Miesmuscheln, 250g Venusmuscheln, ⅛l Weißwein, 50g schwarzer Norcia-Trüffel

ZUBEREITUNG

Für den Nudelteig das Mehl mit dem Salz in einer Schüssel mischen. Die Eier mit dem Öl und dem Wasser verrühren, zum Mehl geben und alles zu einem geschmeidigen Teig zusammenfügen. Teig auf etwas Mehl einige Minuten kräftig kneten, dann mit feuchtem Tuch bedecken und im Kühlschrank mindestens 30 Minuten ruhen lassen.

Den Wolfsbarsch ca. 15 Minuten in Wasser kochen, etwas auskühlen lassen und filetieren. Den Lauch fein hacken und in etwas Olivenöl anschwitzen lassen, danach mit den Fischfilets, Ei, Parmesan, Salz, Pfeffer und etwas Muskatnuss gut vermengen.

Den Teig ca. 1,5 mm dick ausrollen und runde Scheiben mit ca. 8 cm Durchmesser ausstechen. Die Füllung mittig platzieren, die Ränder mit etwas Eigelb bestreichen und zu Halbmonden (Mezze Lune) formen.

Für die Salsa die Karotte würfeln und die Zwiebel fein hacken. Danach in Olivenöl anschwitzen. Den Kalmar auslösen, klein schneiden und zusammen mit den Venus- und den Miesmuscheln zum Gemüse geben. Mit einem guten Schuss Weißwein aufkochen lassen, bis sich die Muscheln geöffnet haben.

Die Ravioli so lange in köchelndes Salzwasser geben, bis sie aufschwimmen. Danach abschöpfen und in der Salsa schwenken. Anrichten und mit etwas geriebenem Trüffel verfeinern.

GEGRILLTES RINDERFILET

Restaurant Woodfire Steak & more, Seite 22

ZUTATEN FÜR 4 PERSONEN

RINDERFILET

4 Stück Rinderfilet à 250g, zugeputzt, geklärte Rosmarinbutter, Murray River Salt (Salzflocken), Cuvée-Pfeffer, Olivenöl

ZUBEREITUNG

Die Rinderfilets ungewürzt auf dem Grill ca. 7-8 Minuten auf jeder Seite scharf und gleichmäßig angrillen. Mehrmals mit der Rosmarinbutter bestreichen. Vom Grill nehmen und im Hold-o-Mat ca. 10 Minuten bei 70 °C rasten lassen. Beim Servieren mit Salzflocken, Pfeffer Cuvée und Olivenöl würzen.

PFIFFERLING-RISOTTO

250g Risottoreis, 1 Zwiebel, 1 Knoblauchzehe, 250g Pfifferlinge, ½ Bund Petersilie, 125 ml Weißwein, ½ l Gemüsefond, Butter, Olivenöl, frisch geriebener Parmesan, Salz, Pfeffer

ZUBEREITUNG

Butter in einem Topf mit den Zwiebeln anschwitzen. Risottoreis unterrühren und glasig werden lassen. Die Hitze reduzieren und mit Weißwein ablöschen. Nach und nach den Gemüsefond bei geringer bis mittlerer Hitze unter ständigem Rühren unter das Risotto geben. Immer erst dann weiteren Fond hinzufügen, wenn der Reis die Brühe aufgesogen hat. Das Risotto ist fertig, wenn die Reiskörner weich sind, aber noch Biss haben.

Die Zwiebeln mit dem Knoblauch in einer Pfanne in Olivenöl glasig anschwitzen. Die gewaschenen Pfifferlinge dazugeben, kurz mit anschwitzen und mit Weißwein ablöschen. Die Pilze kurz vor dem Servieren unter das Risotto rühren. Mit Pfeffer und Salz abschmecken. Den Topf von der Hitze nehmen und kalte Butter sowie frisch geriebenen Parmesan einrühren, bis das Risotto cremig wird. Zum Schluss frisch gehackte Petersilie dazugeben.

ZARTES FILET VOM MILCHLAMM MIT THYMIAN-JUS UND BUNTEM MARKTGEMÜSE

Hotel-Restaurant Diana, Seite 28

ZUTATEN FÜR 4 PERSONEN

LAMM

2 Lammrückenfilets à 200g, ½ EL milder Senf, ½ TL schwarze Pfefferkörner, ½ TL Salz, 1 EL Thymianblättchen, ½ Biozitrone, nur abgeriebene Schale, 140g dünne Scheiben Bratspeck

JUS

½ EL Butter, 200 ml Fleischbouillon, Salz, Pfeffer, 100 ml Weißwein, 2 TL Blütenhonig, 3 Zweiglein Thymian

GEMÜSE

2 Stück Zucchini, 2 Stück roter Paprika, 1 rote Zwiebel, 200g Champignons, 1 TL Kräutersalz, Pfeffer

ZUBEREITUNG

Lammfilet rundum dünn mit Senf bestreichen. Pfefferkörner, Thymian und Zitronenschale fein zerdrücken. Lamm damit marinieren, zugedeckt ca. 30 Minuten ziehen lassen. Lammrückenfilets salzen, mit Speck umwickeln. Bratpfanne heiß werden lassen. Fleisch rundum ca. 4 Minuten anbraten. Hitze reduzieren, bei mittlerer Hitze beidseitig je ca. 4 Minuten fertig braten, warm stellen.

Für den Jus die Butter in einer Pfanne zergehen lassen, mit den restlichen Zutaten vermischen und aufkochen lassen. Hitze reduzieren, etwas einkochen lassen und würzen.

Olivenöl in einer Pfanne erhitzen und die Zwiebel anschwitzen. Zucchini, Paprika und Champignons kurz rösten. Gemüse ja nach Belieben würzen.

Servieren: Fleisch schräg in ca. 1½ cm dicke Stücke schneiden, auf Tellern anrichten. Thymian-Jus darüber träufeln und mit dem bunten Marktgemüse servieren.

ROSA GEBRATENER KALBSTAFELSPITZ MIT TRÜFFELÖLPÜREE UND MARKTGEMÜSE

Orangerie Stift Stams, Seite 56

ZUTATEN FÜR 4 PERSONEN

TAFELSPITZ

1 Stück Kalbstafelspitz (800-1000g), 2-3 EL Olivenöl Salz, Pfeffer, Rosmarin, Zirbengewürz, 100g Röstgemüse (Karotten, Zwiebel, Sellerie, Lauch), ¼l Rindsuppe zum Aufgießen, ¼l Rotwein

ZUBEREITUNG

Kalbstafelspitz gut mit den Gewürzen einreiben und von allen Seiten heiß im Olivenöl anbraten. Das Fleisch aus dem Bräter nehmen und darin das Gemüse gut anbraten. Mit Rindsuppe und Rotwein aufgießen, einreduzieren lassen und aus dem Bräter in einen Topf geben. Jetzt das Fleisch wieder in den Bräter geben und bei 120°C auf 55°C Kerntemperatur garen lassen. Das Fleisch danach in eine Alufolie wickeln und 15 Minuten an einem warmen Ort rasten lassen. Den dabei entstandenen Saft aus dem Bräter mit dem Gemüse-Rotweinfond mischen und die Sauce bis zur gewünschten Konsistenz reduzieren lassen.

TRÜFFELÖLPÜREE

500g mehlige Erdäpfel, ¼l Milch, 100g Butter, 1 EL Trüffelöl, Muskat, Salz

ZUBEREITUNG

Die mehligen Erdäpfel schälen und 15 Minuten kochen, in einem Tuch ausdämpfen lassen und passieren. Danach mit heißer Milch, zerlassener Butter, Trüffelöl und Gewürzen zu einer lockeren Masse rühren.

MARKTGEMÜSE

100g Karotten, geschnitten, 100g Karfiol, geteilt, 100g Brokkoli, geteilt, 100g Kohlrabi, geschnitten

ZUBEREITUNG

Gemüse einzeln in Salzwasser bissfest kochen, kalt abschrecken und auf einem Küchenpapier abtrocknen lassen. Später das Gemüse untereinander mischen. In einer Pfanne etwas Butter erhitzen, das Gemüse mit Salz und Zucker würzen, in der Pfanne schwenken und erhitzen.

ANRICHTEN

Püree in einen Spritzsack füllen und auf den Teller dressieren. Das Fleisch gegen die Faser in Scheiben schneiden, auf den Teller legen, das Gemüse dazu legen und mit Sauce vollenden.

REH, MARILLE, STEINPILZE

Landhotel Hohenfels, Seite 42

ZUTATEN FÜR 4 PERSONEN

REH

600g Rehrückenfilet, 2kg Rehknochen, 1 Knollensellerie, 200g Karotten, 100g gelbe Karotten, 2EL Tomatenmark, 1l Rotwein, 0,5l Portwein, 2EL Preiselbeeren, 2EL Maizena, Piment, Wacholder, Koriander, Lorbeer, Salz, Pfeffer aus der Mühle

ZUBEREITUNG

Die Rehknochen in heißem Öl scharf anbraten. Das Wurzelgemüse kleinschneiden, beigeben und kurz mitrösten lassen. Mit Tomatenmark tomatisieren und mit Rot- und Portwein ablöschen. Die Flüssigkeit um die Hälfte reduzieren lassen. Mit Wildfond (alternativ Wasser) aufgießen. Wacholder, Lorbeer, Koriander und Preiselbeeren beigeben und ca. 6 Stunden köcheln lassen. Die aufsteigenden Trübstoffe immer wieder abschöpfen. Die reduzierte Sauce abpassieren, nochmals um die Hälfte reduzieren und mit Salz und Pfeffer würzen. Die Rehrückenfilets mit Salz und Pfeffer würzen und in einer Pfanne in Öl scharf anbraten. Aus der Pfanne nehmen und im vorgeheizten Backofen bei 120°C ca. 8 Minuten garen. Nach dem Garen an einem warmen Ort ca. 5 Minuten rasten lassen.

MARILLEN

4 Stück Marillen, 50g Zucker, 250l Orangensaft, ½ Vanillestange, Sternanis, Maizena

ZUBEREITUNG

Für die Marillen den Zucker in einer Pfanne karamellisieren lassen und mit Orangensaft ablöschen. Die Vanillestange auskratzen, Sternanis beigeben und das Gemisch um die Hälfte reduzieren lassen. Mit Maizena leicht abbinden. Die Marillen schälen, halbieren und den Kern entfernen. Die Marillenstücke mit der kochenden Flüssigkeit übergießen und ca. 3 Stunden ziehen lassen.

STEINPILZE

2 Steinpilze im Ganzen, 1EL Butter, Salz, Pfeffer

ZUBEREITUNG

Die Steinpilze putzen und halbieren. In einer heißen Pfanne mit Butter braten. Mit Salz und Pfeffer würzen.

LAUCH

1 Stange Lauch, 1EL Butter, Salz, Pfeffer

ZUBEREITUNG

Den Lauch in Scheiben schneiden und im kochenden Salzwasser blanchieren. In Eiswasser abschrecken. In einer Pfanne mit Butter anbraten und mit Salz und Pfeffer würzen.

LAMMNÜSSCHEN IN KRÄUTERN AUF GRAUPENGEMÜSE UND KARTOFFELCHIPS

Der Pitztaler Kirchenwirt, Seite 72

ZUTATEN FÜR 6 PERSONEN

4 Stück Lammnüsschen, Salz, Pfeffer, 150g Magertopfen, ⅛l Kernöl, 2 TL Senf, 1 Zweig Rosmarin und Thymian, gehackt, 6-8 Stück Knoblauchzehen, fein gehackt, Petersilie

ZUBEREITUNG

Die Lammnüsschen von Haut und Sehne befreien, mit Salz und Pfeffer bestreuen.
Den Magertopfen mit den restlichen Zutaten vermengen und die Lammnüsschen damit dick einstreichen, in einen Behälter geben und über Nacht zugedeckt und gekühlt lagern.
Auf allen Seiten samt der Topfenbeize in der Teflonpfanne im nicht allzu heißen Rapsöl anbraten, am besten in ein Keramikgeschirr geben und im Ofen bei ca. 65 °C etwa 5 Stunden schonend garen.

GRAUPENGEMÜSE

100g Rollgerste, 60g Kartoffeln, würfelig geschnitten, 90g Wurzelgemüse, würfelig geschnitten, etwas fein geschnittener Chili, ca. 0,4 l Selchfond, Kräuter, 160g gekühlte Butter, 3 kl. nicht ganz fein geschnittene Frühlingszwiebeln, 2 Tomaten, geschält und würfelig geschnitten, Salz, Pfeffer, frischer Majoran

ZUBEREITUNG

40g der Butter in einem Topf zergehen lassen, die Rollgerste, Kartoffeln und Wurzelgemüse mit dem Chili beigeben und dem Selchfond nach und nach zugießen. Kräuter und Lorbeer beigeben und auf kleiner Hitze ganz leicht köcheln lassen. Wenn die Gerste weich wird, die Frühlingszwiebeln mit den Tomatenwürfeln beigeben und die Butter rasch unterrühren. Mit Salz, Pfeffer und frischem Majoran abschmecken.
Für die Kartoffelchips mehlige Kartoffeln schälen und in feine Scheiben schneiden, mit Küchenkrepp abtupfen und in heißem Fett blanchieren, herausnehmen und abtropfen lassen. Im heißen Fett fertigbacken.

ANRICHTEN

Das Graupengemüse in einen tiefen Teller geben, das Lammnüsschen schräg schneiden und auf das Gemüse geben. Die Kartoffelchips lose beigeben und das Fleisch leicht mit einem kräftigen Lammjus nappieren. Mit frischem Rosmarin und Majoran garnieren. Tipp: Ein Esslöffel Sauerrahm verfeinert das Gericht.

REZEPTE

TIROLER BAUERNGRÖSTEL MIT WACHTELEI

Hotel Schwarzer Adler, Seite 104

REZEPT FÜR 4 PERSONEN

ZUTATEN

200g mehlige Erdäpfel, ⅛l Obers, 2 Eier, 1 Eigelb, Salz, Pfeffer, Muskat

ZUBEREITUNG

Die gekochten und geschälten Erdäpfel zusammen mit den übrigen Zutaten ganz fein mixen, bis eine feine Creme entsteht. Die Creme in Dariol-Formen füllen und bei 160 °C ca. 12 Minuten in den Ofen geben.

FLEISCH

600g Schweinebauch, 600g Schweineschopf, Salz, Pfeffer, Knoblauch, Kümmel

ZUBEREITUNG

Den Schweinebauch portionieren, die Haut einschneiden. Mit Salz, Pfeffer, Knoblauch und Kümmel würzen. Danach in einen Vaccum-Beutel geben und im Wasserbad 5 Stunden bei 62 °C sous vide garen. Auskühlen lassen und dann noch einmal auf der Hautseite kurz anbraten.
Den Schweineschopf mit Salz, Pfeffer, Kümmel und Knoblauch würzen. Bei 160 °C ca. 2,5 Stunden im Ofen braten.

ZWIEBELN

4 Stück kleine rote Zwiebeln, Salz, Pfeffer, ¼l Rotwein, ⅛l roter Portwein, Thymian, Rosmarin, Zucker, 1 Stück Tiroler Hauswurst

ZUBEREITUNG

Rotwein und roten Portwein aufkochen, einen Zweig Thymian und Rosmarin dazugeben, mit etwas Zucker abschmecken. 4 Stück kleine rote Zwiebeln weich schmoren, noch einmal mit Salz und etwas Pfeffer würzen. Zwiebeln auskühlen lassen und die einzelnen Schichten vorsichtig lösen. Ein Stück Tiroler Hauswurst (vom Steinbock oder nach Belieben) schälen und die Wurstfarce in die Zwiebeln füllen. Etwa 10 Minuten im Ofen fertig garen.

ANRICHTEN

4 Wachteleier 2 Minuten und 40 Sekunden kochen sowie in Eiswasser abschrecken. Danach schälen. Die Eier in Kräuter-Panade panieren und frittieren. Alles zusammen auf einem Teller anrichten und ausgarnieren.

DUETT VOM KRÄUTERFERKEL

Hotel Post, Seite 110

ZUTATEN FÜR 4 PERSONEN

2 Stück gepökelte Schweinebacken, 500 g Kräuterferkelfilet, 10 Scheiben Bauchspeck, 4 Stück Mini-Paprika, 50 g Zwiebeln, 100 g Beluga-Linsen, Weißwein und Essig

GEWÜRZFOND

½ Zwiebel, ½ TL Pfefferkörner, ½ TL Piment, 1 Stück Lorbeerblatt, ½ TL Koriander, 1 Stück Karotte, ¼ Sellerie, ½ Lauch, ½ l Wasser

ZUBEREITUNG

Für den Gewürzfond alle Zutaten zusammen aufkochen. Die Schweinebacken im Gewürzfond ca. ½ Stunde leicht kochen lassen, dann herausnehmen, halbieren und warm stellen. Das Kräuterferkelfilet mit Salz, Pfeffer und Knoblauch würzen. Mit Senf bestreichen und mit Bauchspeck einwickeln. Anschließend anbraten und bei 80 °C ca. 25 Minuten in den vorgeheizten Ofen geben. Die Kerntemperatur sollte bei 53 °C liegen. Die Beluga-Linsen über Nacht einweichen lassen – dann weichkochen. Feingeschnittene Zwiebeln und Speck anschwitzen und mit etwas Essig und Weißwein ablöschen. Die Beluga-Linsen beigeben und mit etwas Gemüsefond aufgießen. Mit Salz, Pfeffer, Kümmel würzen.

Den Deckel der Mini-Paprika abschneiden und diese aushöhlen – die Linsen einfüllen. Danach im vorgeheizten Ofen bei 140 °C ca. 5 Minuten garen lassen.

ERBSENCREME

300 g Erbsen, 150 g mehlige Kartoffeln, 50 g Butter, Salz, Pfeffer, Muskat

ZUBEREITUNG

Erbsen blanchieren, kalt abschrecken. Kartoffeln schälen, weich kochen. Die noch heißen Kartoffeln passieren, die Erbsen in Butter schwenken, pürieren und zu den Kartoffeln geben. Mit Salz, Pfeffer und Muskat abschmecken.

KRENSCHAUM

50 g Schalotten, ⅛ l Weißwein, 100 g Crème fraîche, 200 g Sahne, Kren, Salz, Pfeffer und Piment

ZUBEREITUNG

Fein geschnittene Schalotten anschwitzen und mit Weißwein ablöschen, Crème fraîche und Sahne beigeben, würzen und etwas einkochen lassen. Kren nach Geschmack unterrühren. Absieben, in einen Sahneboy abfüllen und warm stellen.

KNUSPRIGER SCHWEINESCHWANZ AUF MEDITERRANEM GEMÜSE

arlberg1800 Resort, Seite 106

ZUTATEN FÜR 4 PERSONEN

SCHWEINESCHWANZ

4 Schweineschwänze, 5g Fleur de Sel, 1 Knoblauchzehe, 1 Zweig Rosmarin, 1 Zweig Thymian, 1 TL ganzer Kümmel, 4 EL Olivenöl

ZUBEREITUNG

Schweineschwänze mit Fleur de Sel, zerstoßenem Knoblauch, gehacktem Rosmarin, gehacktem Thymian, Kümmel und dem Olivenöl in einer Schüssel marinieren oder vakuumieren und über Nacht im Kühlschrank ziehen lassen. Am nächsten Tag die Schweineschwänze im Wasser weich kochen, bis sich das Fleisch vom Knochen lösen lässt. Die gekochten Schweineschwänze kurz auskühlen lassen und dann mit einem Längsschnitt vom oberen bis zum unteren Ende bis auf die Knochen tief einschneiden. Das Fleisch inklusive Haut mit der Schwarte vorsichtig vom Knochen lösen und dann sofort flachpressen. Zwischen Backpapier legen und mit einem Topf oder Ähnlichem beschweren.

MEDITERRANES GEMÜSE

4 Baby-Auberginen, 6 Baby-Zucchini, 250g Tom Berry Tomaten-Rot, 250g Tom Berry Tomaten-Gelb, 2 Schalotten, 1 Knoblauchzehe, Olivenöl, Salz, Pfeffer, Zucker, alter Apfelbalsam (z. B. Gölles)

ZUBEREITUNG

Die Baby-Auberginen und Baby-Zucchini in die gewünschte Größe schneiden. Tom Berry Tomaten waschen oder bei Wunsch blanchieren und schälen. Schalotten in feine Streifen schneiden und den Knoblauch hacken. Zuerst Auberginen und Zucchini in einer heißen Pfanne mit Olivenöl scharf anbraten. Schalotten und Knoblauch kurz mitsautieren. Nach eigenem Geschmack würzen, Tom Berry Tomaten jetzt beigeben und mit Apfelbalsam ablöschen.

ANRICHTEN

Den flach gepressten Schweineschwanz in einer Pfanne auf der Schwarten-Hautseite langsam knusprig braten. Das noch lauwarme mediterrane Gemüse in einem Teller unten als Sockel anrichten. Den knusprigen Schweineschwanz in Ecken schneiden und auf das Gemüse legen. Mit Olivenöl und Saltflakes verfeinern.

RINDERFILET UND -RIPPE MIT SELLERIEPÜREE UND LIEBSTÖCKELEMULSION

Hotel Tannenhof, Seite 100

ZUTATEN FÜR 4 PERSONEN

RIPPE UND FILET

4 Stück Rindsfilets à 160 g, 1 Seite Rinderrippen, Gewürzmischung, 100 ml Apfelsaft, Salz, Pfeffer

ZUBEREITUNG

Die Rinderrippen mit der Gewürzmischung einreiben und ca. 2 Stunden in den Kühlschrank stellen. Den Grill auf indirektes Grillen vorbereiten und auf eine Temperatur von 130 °C aufheizen. Die Rippen 2 Stunden im Grill bei 130 °C räuchern, danach in einen geschlossenen Behälter legen und den Apfelsaft hinzugeben. Die Rippen im Ofen bei 150 °C weich schmoren.

Die 4 Steaks würzen, in einer Pfanne kurz von allen Seiten anbraten und im Ofen bei 120 °C auf einem Gitter bis zum gewünschten Garpunkt fertig garen.

LACK FÜR RIPPEN

1 Teil brauner Zucker, ½ Teil Apfelessig, ½ Chilischote, entkernt, 1 Teil Blaubeeren, ½ Teil Zitronensaft, 1 Teil Apfelsaft

ZUBEREITUNG

Alle Zutaten in einen Topf geben und so lange leicht köcheln lassen, bis eine dickflüssige Masse entsteht. Die weich gegarten Rinderrippen vom Knochen entfernen und im Blaubeerlack glacieren.

SELLERIEPÜREE/SELLERIERÖLLCHEN

1 Knollensellerie, 70 g Butter, Salz

ZUBEREITUNG

Einen Teil des Selleries in hauchdünne Scheiben schneiden (8 Scheiben). Diese Scheiben in Salzwasser weich kochen und später mit einem Teil des Selleriepürees befüllen (kleiner Spritzbeutel). Den restlichen Sellerie klein schneiden und in Salzwasser weich kochen. Danach den heißen Sellerie mit der Butter mixen bis ein sämiges Püree entsteht.

LIEBSTÖCKELEMULSION

4 Liebstöckelblätter, 50 g Mascarpone, Salz

ZUBEREITUNG

Den Liebstöckel mit der Mascarpone und dem Salz mixen.

REZEPTE

HIRSCHRAGOUT MIT APFELROTKRAUT UND SPÄTZLE

Hotel und Gasthof Hirschen, Seite 58

ZUTATEN FÜR 10 PERSONEN

HIRSCHRAGOUT

2kg Hirschschulterfleisch, grobwürfelig geschnitten, 100g Fett, 250g Wurzelgemüse, 80g Mehl, 200g Zwiebeln, fein geschnitten, 30g Tomatenmark, 50g Preiselbeeren, 70g Kochschokolade, ¼l Rotwein, Salz, Pfeffer, Lorbeerblätter, Thymian, zerdrückte Wacholderkörner

ZUBEREITUNG

Das Fleisch im Fett braun anrösten. Mehl, das Wurzelwerk und die Zwiebeln zugeben und braun rösten. Das Tomatenmark beifügen und mitrösten, danach die Kochschokolade dazugeben, bis sie geschmolzen ist. Mit Rotwein ablöschen und mit Rindsuppe oder Wildfond aufgießen. Die Gewürze beifügen und weich dünsten. Wenn das Fleisch weich ist, aus der Sauce nehmen. Diese nochmals etwas einkochen lassen, mit einem Mixstab pürieren und mit Preiselbeeren vollenden. Danach das Fleisch wieder dazugeben und vor dem Servieren nochmals erhitzen. Tipp: das Gericht vor dem Servieren noch mit einem Schuss Cognac vollenden.

APFELROTKRAUT

1,5kg Blaukraut, 50g Zwiebeln, kleingewürfelt, 50g Butterschmalz, 50g Zucker, ¼l Rotwein, 1l Wasser, 1 Zimtstange, 200g säuerliche Äpfel (Boskop), Salz, Kümmel, Essig, 50-80g Mehl zum Stäuben

ZUBEREITUNG

Das Blaukraut von den Strünken und Außenblättern befreien und in feine Streifen schneiden. Die Äpfel schälen und in kleine Stücke schneiden. Zwiebeln in Fett und mit dem Zucker gelb anrösten, mit dem Rotwein ablöschen, das Blaukraut dazugeben. Salz, Kümmel, Zimtstange, etwas Essig und das Wasser beifügen, zudecken und ca. 40 Minuten dünsten. Danach die Apfelstücke hinzugeben, weitere 10 Minuten dünsten. Mit dem Mehl abstäuben und in einigen Minuten fertigdünsten. Abschmecken.

SPÄTZLE

1kg doppelgriffiges Mehl, 10 Eier, ¼l Wasser, Salz, Muskat

ZUBEREITUNG

Mehl in eine Schüssel sieben und die gemahlene Muskatnuss einrühren. Salz, Eier und so viel Wasser zugeben, bis ein zäher Teig entsteht. Diesen Teig mit dem Mixer (Knethaken) oder dem Kochlöffel schlagen und 10 Minuten quellen lassen. Den Teig durch einen Spätzlehobel in kochendes Wasser drücken. Mit einem Schaumlöffel herausheben und in Butter schwenken.

THUNFISCHTATAKI MIT MENTZUYU BEURRE BLANC

Woods kitchen & bar, Seite 30

ZUTATEN FÜR 4 PERSONEN

THUNFISCH

400g Thunfisch

TERIYAKISAUCE

100ml Soja, 100g Zucker, 50ml Sake, 50g Ingwer, 25g Knoblauch, Speisestärke

MENTZUYU BEURRE BLANC

240ml Wasser, 100ml Mirin, 60ml Soja, 40ml Dashi, 4TL Zucker, 250g Butter

ZUBEREITUNG

Ingwer und Knoblauch reiben und mit den restlichen Zutaten ca. 5 Minuten leicht köcheln lassen. Mit Speisestärke sämig abbinden.

Mirin aufkochen und flambieren. Restliche Zutaten hinzufügen und aufkochen lassen. Kalte Butter in Würfel schneiden, dazugeben und mit einen Handmixer aufschlagen. Mit Salz und Pfeffer abschmecken.

Den Thunfisch in 4 gleich große Stücke schneiden. Von jeder Seite kurz anbraten und mit der Teriyakisauce glacieren. Anschließend in dünne Scheiben schneiden und mit der Beurre blanc servieren. Dazu passt je nach Belieben ein Kressesalat oder Edamame.

REZEPTE

GAMSRÜCKEN UNTER KRÄUTERKRUSTE, FRISCHE STEINPILZE UND KÜRBISSPÄTZLE

Hotel Post, Seite 70

ZUTATEN FÜR 4 PERSONEN

800g Gamsrücken ohne Knochen, ½ Bund Blattpetersilie, ½ Bund Dill, ½ Bund Estragon, 1 Knoblauchzehe, 100g Semmelbrösel, 1 Ei, 1 TL grobes Meersalz, 300g frische Steinpilze, 50g gehackte Zwiebeln, 100g Butter

KÜRBISSPÄTZLE

300g doppelgriffiges Mehl, 100g Fleisch vom Hokkaido-Kürbis, 4 Eier, Salz, Muskat

ZUBEREITUNG

Den Gamsrücken salzen, pfeffern und rundum in Pflanzenöl goldbraun anbraten. Danach im vorgeheizten Backofen bei 140 °C ca. 10 Minuten garen. Das Fleisch aus dem Ofen nehmen, an der Wärme ruhen lassen.

Für die Kräuterkruste alle Kräuter ohne Stiel in die Küchenmaschine geben und mit den restlichen Zutaten klein mixen. Gamsrücken damit bedecken und gut andrücken, anschließend nochmals für 3 bis 5 Minuten bei ca. 200 °C in den Ofen geben.

Die frisch geputzten Steinpilze in dünne Scheiben schneiden, mit Zwiebeln und Butter in der Pfanne garen, mit Salz und Pfeffer würzen.

Für die Kürbisspätzle Mehl, Eier und Gewürze mischen, den Teig schlagen, bis er Blasen wirft. Gekochtes Kürbisfleisch durchgedrückt zugeben und mischen, ins kochende Salzwasser drücken und 2 Minuten kochen lassen, anschließend kalt abschrecken.

Vor dem Anrichten mit etwas Butter kurz in die Pfanne geben und goldgelb anbraten sowie mit Salz und Pfeffer würzen.

WIENERSCHNITZEL MIT KARTOFFELSALAT

Post Gasthof Gemse, Seite 82

ZUTATEN FÜR 4 PERSONEN

WIENERSCHNITZEL

4 Schnitzel à 180 g aus dem Kaiserteil vom Tiroler Vollmilchkalb, Salz, Pfeffer, etwas Mehl, 2 Eier, 2 angezogene Semmeln ohne Rinde, Zitrone, Petersilie

ZUBEREITUNG

Die Semmeln in 2 mm kleine Würfel schneiden. Die Schnitzel erst in Mehl, dann in den verquirlten Eiern wenden, anschließend in den Brotwürfeln panieren und in heißem Butterschmalz herausbacken. Mit Zitrone und Petersilie garnieren.

KARTOFFELSALAT

1 kg Kartoffeln, etwas Rindsuppe, Senf, Salz, Pfeffer, Muskatnuss, Essig, Öl, 1 feingehackte Zwiebel

ZUBEREITUNG

Die Kartoffeln kochen, schälen und noch lauwarm in dünne Scheiben schneiden.
Mit etwas Rindsuppe, Senf, Salz, Pfeffer, Muskatnuss, Essig und Öl marinieren. Eventuell feingehackte Zwiebel dazugeben, alles gut verrühren und etwas durchziehen lassen.

ANRICHTEN

Schnitzel mit Kartoffelsalat und Preiselbeeren servieren.

REZEPTE

SELFNESS SCHMANKERL TELLER

Geräuchertes aus dem eigenen Kälterer, begleitet mit Ötztaler Lamm im Kohle-Kristall-Teig und vollendet mit Muttererde

Hotel Ritzlerhof, Seite 60

ZUTATEN FÜR 4 PERSONEN

RÄUCHERBEIZE FORELLENFILET

1 Paar Forellenfilets, 1 Biozitrone, 1 TL Koriandersamen, 6 Pondicherry-Pfefferkörner, 1 TL frischer Kren, 50 g Portulak, ⅛ l Hanföl, 1 TL Salz, Streifen von Wollschweinspeck

ZUBEREITUNG

Die Zesten von der Biozitrone mit dem Koriandersamen, den Pondicherry-Pfefferkörnern, frischem Kren und Portulak zusammen mit dem Hanföl im Mörser langsam zerstoßen, damit sich die ätherischen Öle entfalten können. Anschließend 2 Stunden einfrieren und danach 1 TL Salz-Kristalle zufügen.

Damit sich der Geschmack besser entfalten kann, die gefrorene Beize auf beide Filets auftragen, zusammenklappen und zum Saftig-Bleiben mit Wollschweinspeck einwickeln. Das Ganze bei 175 °C 15 Minuten über dem Räuchermehl, möglichst aus Hanfsamen, Kirschkernen und Zirbe, räuchern.

LAMMKOTELETTE KOHLE KRISTALLSALZTEIG

4 Lammkotelettes, 1 TL Aktivkohle, 1 EL Salzkristalle, ⅛ l Sodawasser, 1 TL Bärlauchöl, 2 Msp. gerösteter Rosmarin, 3 Eier, rotes Reismehl, Erdnussöl

ZUBEREITUNG

Die Aktivkohle mit den Salzkristallen, dem Sodawasser, Bärlauchöl und Rosmarin vakuumieren, so dass sich die Mineralien und Spurenelemente freisetzen können. Anschließend mit den Eidottern und rotem Reismehl mischen, bis sich eine homogene Masse bildet. Das Eiweiß zu Eischnee schlagen, unter die Masse heben. Die Kotelettes eintauchen und im Erdnussöl bei 155 °C herausbacken. Auf frischem Bierrettich-Salat servieren.

SÜSSE MUTTER ERDE

1 l Ritzler Grander-Wasser, 600 g Zucker aus Zuckerrüben (Sirup auch geeignet), 550 g Tiroler Edle Schokolade, 150 g Edel Criollo Kakaopulver, 4 unbehandelte Orangen (Zesten), 1 TL Szechuanpfeffer (gemahlen), 1 Msp. Chilischote (gehackt), 4 cl Sautner Mair Zirben-Schnaps, 1 TL Tiroler Latschenkieferzucker, ⅛ l Bio Gayer-Mandelöl, 500 g selbst gemachte Piment-Kekse, fein gerieben, ersatzweise süße Brösel oder Lebkuchen-Brösel

ZUBEREITUNG

Wasser mit Rübenzucker bei 140 °C ca. 15 Minuten kochen, dann auf 85 °C reduzieren, bis die Masse dickflüssig wird (zur Rose ziehen). Die Schokolade dazugeben, rühren, bis es bröselt. Anschließend alles auf ein Blech geben und noch heiß mit den restlichen Zutaten alles gut vermischen. Eine beliebige Creme oder Eis-Parfait ins Glas füllen und mit Muttererde bestreuen. Mit Minze und Blüten garnieren, so dass es einem Blumentopf ähnelt.

GESULZTER TAFELSPITZ MIT WURZELGEMÜSE

Romantik-Hotel Spielmann, Seite 40

ZUTATEN FÜR 4 PERSONEN

300g gekochter Tafelspitz, 50g Sellerie, 50g Karotten, 50g gelbe Rüben, 50g Petersilienwurzeln, 50g gekochte Essiggurken, 300ml kräftige Tafelspitzsuppe, 7 Blatt Gelatine, Gewürze

ZUBEREITUNG

Den gekochten Tafelspitz in ca. 1cm große Würfel schneiden. Sellerie, Karotten, gelbe Rüben, Petersilienwurzeln schälen, würfeln und in Salzwasser bissfest kochen. Die Tafelspitzsuppe erhitzen. Gelatine in kaltem Wasser einweichen und in nicht mehr kochender Suppe auflösen. Würzen mit einer Messerspitze voll gehacktem Knoblauch, Salz, Pfeffer, 1 Spritzer Essig, 1 Prise Muskat und 50g geschnittenem Schnittlauch. Alles vermischen, in eine mit Frischhaltefolie ausgelegte Form füllen und im Kühlschrank über Nacht stocken lassen.

Anrichten: Stürzen, beliebige Stücke schneiden, mit weißem Balsamico, Kürbiskernöl, gerösteten Kernen, Salz, Pfeffer und roten Zwiebelringen marinieren. Dazu passt am besten das Ehrwalder Sauerteigbrot.

BUCHWEIZENTORTE

Café 3.440, Seite 74

ZUTATEN FÜR 1 TORTE

250g Butter, 250g Staubzucker, 6 Eiweiß, 6 Dotter, 250g Buchweizen, 250g geriebene Haselnüsse, Vanillearoma, 2g Backpulver

ZUBEREITUNG

Die Butter mit 125g Staubzucker schaumig rühren. Buchweizen, Haselnüsse und Backpulver zusammenmischen. Vanillearoma zu Dotter geben. Eiweiß zu Schnee schlagen und restlichen Staubzucker (125g) dazugeben. Die Dotter nach und nach unter die Buttermasse heben, anschließend die trockenen Zutaten (Buchweizen, Haselnüsse und Backpulver) dazugeben und die Staubzucker-Schnee-Menge unterheben. Die Masse in die Tortenform geben und bei 160°C ca. 80-90 Minuten backen. Die abgekühlte Torte einmal waagerecht teilen und mit Preiselbeermarmelade füllen. Anschließend die Torte auch oben mit Preiselbeermarmelade bestreichen.

REZEPTE

GEDÜNSTETES RAGOUT VOM TIROLER HIRSCH

Cafe und Hotel Central, Seite 20

ZUTATEN FÜR 4 PERSONEN

1 kg Hirschschulter (ausgelöst), 200 g Zwiebeln, 500 g Wurzelgemüse (Sellerie, Lauch, Karotten), 2 EL Tomatenmark, 2 EL Preiselbeeren, ¼ l Rotwein, 2 Knoblauchzehen, 2 Lorbeerblätter, 1 Bund frischer Thymian, Salz, Pfeffer, ½ EL Wacholderbeeren (zerdrückt), 2 l Wasser, 200 g Eierschwammerln, 4 EL Preiselbeeren zum Servieren

ZUBEREITUNG

Das Hirschfleisch in ca. 4x4 cm große Stücke schneiden und in Öl rundherum braun anbraten. Währenddessen das Gemüse würfeln. Das nun gebratene Fleisch aus der Pfanne nehmen, das Gemüse und die Zwiebeln hinzufügen und ebenfalls kräftig anrösten. Das Tomatenmark und die Preiselbeeren dazugeben und kurz mitrösten (nicht zu lange, sonst wird es bitter). Nun mit dem Rotwein ablöschen und mit dem Wasser aufgießen. Mit Knoblauch, Lorbeerblättern, frischem Thymian, Salz, Pfeffer und den Wacholderbeeren würzen. Nun etwa 1½ Stunden bei mittlerer Hitze leicht köcheln lassen. Immer wieder den Garpunkt prüfen und bei Bedarf etwas Wasser hinzufügen. Wenn das Fleisch mürbe ist, vorsichtig herausnehmen und mit einem feuchten Tuch bedecken. Anschließend die Sauce passieren, wenn nötig nachwürzen und bei Bedarf mit etwas Mehl binden. Danach das Fleisch wieder in die fertige Sauce geben und vor dem Servieren noch einmal aufkochen lassen. Währenddessen die Eierschwammerln in einer Pfanne scharf anbraten, mit etwas Salz, Pfeffer, frischer Petersilie würzen und beiseite geben. Beim Anrichten die Eierschwammerln über das Ragout streuen und mit Thymian und Preiselbeeren garnieren. Als Beilagen passen Butterspätzle, Serviettenknödel, Schupfnudeln und Blaukraut.

CARPACCIO VOM BIORIND MIT HAUSGEMACHTER TRÜFFELMAYONNAISE, RUCOLA UND PARMESAN

Hotel Quellenhof Leutasch, Seite 36

ZUTATEN FÜR 4 PERSONEN

CARPACCIO

300-400 g Rinderfilet vom Mittelstück, 80 g Parmesan, 50 g Rucola

TRÜFFELMAYONNAISE

20 g pasteurisiertes Eigelb, 1 Msp. Estragonsenf, 50 ml Rapsöl, 50 ml Trüffelöl, 1 TL Butter, 1 Stück Sommertrüffel, ca. 10 g Worcestersauce, Salz, Pfeffer, weiß, 1 EL Crème fraîche, 1 TL Zitronensaft, Balsamico

ZUBEREITUNG

Flache Teller mit Olivenöl einstreichen. Das Rindsfilet in hauchdünne Scheiben schneiden und darauf anrichten.
Für die Trüffelmayonnaise das Eigelb, Senf und Worchestersauce verrühren, anschließend nach und nach das Rapsöl und das Trüffelöl einrühren. Den Trüffel in feine Würfel schneiden und in der Butter anschwitzen. Danach den Trüffel zur Mayonnaisemasse dazugeben, mit Crème fraîche, Zitronensaft, Salz und Pfeffer verfeinern.
Nun das Fleisch mit Trüffelmayonnaise beträufeln und mit Balsamico verfeinern.
Kurz vor dem Servieren Parmesan darüber hobeln und Pfeffer aus der Mühle darüber reiben. Mit frischem Rucola ausgarnieren und servieren.

WACHTELN MIT TAPIOKA, CHORIZO UND ZWEIERLEI EIERSCHWAMMERL

Restaurant & Bar Die Mühle, Seite 26

ZUTATEN FÜR 4 PERSONEN

FARCE

1 Hähnchenbrust (ca. 150g ohne Haut), 150ml Sahne, 1 EL Chorizo (in Brunoise geschnitten), 1 EL Karotten (in Brunoise geschnitten), 1 EL Sellerie (in Brunoise geschnitten), 1 EL Schnittlauch (fein geschnitten), Salz, Pfeffer, Cayennepfeffer

ZUBEREITUNG

Die Hähnchenbrust in Würfel schneiden, mit Salz würzen, ca. ½ Stunde einfrieren und anschließend mit einer Moulinette mixen, die Sahne dazugeben und so lange mixen, bis eine feine Farce entsteht. Die Farce mit Salz, Pfeffer und Cayennepfeffer abschmecken, die restlichen Zutaten beigeben und kalt stellen.

WACHTELN

4 Wachteln, 8 Scheiben Speck, 250ml Rotwein, 1 Schalotte, 1 Zweig Thymian, 1 Zehe Knoblauch, griffiges Mehl, 1 Ei, Semmelbrösel, Öl, Fett zum Ausbacken, Salz, Pfeffer

ZUBEREITUNG BRÜSTE

Die Wachteln auslösen, die Haut abziehen und beiseitelegen. 4 Wachtelbrüste salzen, pfeffern und mit der Farce bestreichen. Darauf die anderen 4 Brüste legen und erneut würzen. Die gefüllten Brüste in jeweils 2 Scheiben Speck einrollen, in Öl anbraten und diese im auf 160°C vorgeheizten Backofen ca. 6 Minuten fertig braten. Die Brusthäute zwischen 2 Backpapiere legen, diese in eine trocken erhitzte Pfanne geben und mit einem Topf beschweren. So lange braten, bis die Häute schön knusprig sind.

ZUBEREITUNG KEULEN

Von den Keulen die Haut abziehen und den Mittelknochen auslösen. Die Keulen einmal umklappen und mit einem Zahnstocher fixieren. Schalotte und Knoblauchzehe grob schneiden und zusammen mit dem Thymian im Rotwein aufkochen und etwas salzen. Den Topf zur Seite stellen und die Keulen darin ca. 8-10 Minuten ziehen lassen. Diese dann herausnehmen, mit Mehl, Ei und Semmelbröseln panieren und im Fett bei ca. 170°C ausbacken.

EIERSCHWAMMERLTATAR

250g Eierschwammerln, 1 Schalotte, 2 Zehen Knoblauch, 100ml weißer Portwein, 1 EL gehackte Petersilie, Zesten einer halben Zitrone, Öl, Salz, Pfeffer, Cayennepfeffer

ZUBEREITUNG

Die Eierschwammerln waschen, trockentupfen und in Öl anschwitzen. Die Schalotte und den Knoblauch in kleine Würfel schneiden und dazugeben. Mit dem Portwein ablöschen und reduzieren lassen. Mit Salz, Pfeffer, Cayennepfeffer und Zitronenzesten abschmecken. Mit einem Stabmixer mixen, so dass man Nocken abdrehen kann. Das Ganze nochmals erhitzen und vor dem Anrichten die Petersilie dazugeben.

SAUTIERTE EIERSCHWAMMERLN

100g kleine Eierschwammerln, 1 EL Öl, 20g Butter, Salz, Pfeffer, Zitronensaft

ZUBEREITUNG

Die Eierschwammerln waschen, trockentupfen und in Öl scharf anbraten. Die Butter beigeben und mit Salz, Pfeffer und Zitronensaft abschmecken.

CHORIZO-TAPIOKA

250g Tapioka, 1l Wasser, 1 Schalotte, 2 Zehen Knoblauch, 250g Chorizo, Öl, Salz, Pfeffer

ZUBEREITUNG

Die Chorizo in Scheiben schneiden und 8 Scheiben davon zur Seite legen. Von den restlichen Scheiben die Hälfte in feine Streifen schneiden, die andere Hälfte in kleine Würfel. Das Tapioka in Salzwasser weichkochen und abpassieren. Die Schalotte und den Knoblauch in kleine Würfel schneiden und zusammen mit den Chorizowürfeln in einem Topf anschwitzen. Dann das gekochte Tapioka dazugeben und mit Salz, Pfeffer, abschmecken. Vor dem Anrichten die Chorizoscheiben und die -streifen, in einer Pfanne anbraten. Die Wachtelherzen mit Salz, Pfeffer würzen und kurz in einer Pfanne anbraten.

REZEPTE

BURRITO MIT BOHNENFÜLLUNG UND THYMIANCHAMPIGNONS

Naturhotel LechLife, Seite 46

ZUTATEN FÜR 4 PERSONEN

BURRITO

700 ml Wasser, 300 g Mehl, 75 g Maisgrieß, Salz, Pfeffer, 4 EL Rapsöl

ZUBEREITUNG

Alle Zutaten zu einem Teig verrühren und 30 Minuten ziehen lassen. Mit wenig Öl in einer Pfanne backen.

BOHNENFÜLLUNG

200 g Kidneybohnen, 200 g weiße Bohnen, 200 g Prinzessbohnen, 200 g breite Bohnen, 1 große Zwiebel, 100 ml Gemüsebrühe, Kreuzkümmel, Oregano, Knoblauch, Salz, Pfeffer, Öl zum Anschwitzen

ZUBEREITUNG

Breite Bohnen mit Prinzessbohnen putzen. Breite Bohnen in Stücke schneiden. Kidneybohnen und weiße Bohnen waschen. Zwiebel würfeln, in Öl glasig anschwitzen und Bohnen hinzugeben. Mit Gemüsebrühe angießen und würzen. Ca. 10 Minuten kochen lassen.

CHAMPIGNONS

400 g Champignons, 3-4 Zweige Thymian, 50 ml Öl zum Anbraten, Salz

ZUBEREITUNG

Champignonstiele entfernen, vierteln, Thymianzweige hinzugeben und im Öl kurz und scharf anbraten. Champignons sollen noch saftig und bissfest sein. Mit Salz würzen. Die Burritos mit Bohnenfüllung füllen und rollen, auf Teller anrichten und Champignons darauf verteilen.

KRAMAT JULEP

Lechtaler Haussegen Edelbrände, Seite 48

ZUTATEN FÜR 4 PERSONEN

4 cl Lechweg Kramat, 2 cl frisch gepresster Zitronensaft, 1 Barlöffel weißer Rohrzucker, 3 Scheiben süßer Apfel, 3-5 Blätter Minze, Soda, Koriander

ZUBEREITUNG

Kramat mit frisch gepresstem Zitronensaft, dem weißen Rohrzucker sowie dem Apfel und der Minze im Glas miteinander verrühren. Mit Soda auffüllen, Eiswürfel dazu und mit dem Koriander dekorieren.

KALBSFILET UND KALBSKOPFCARPACCIO MIT KALBSSCHWANZ-RAVIOLI UND JUNGEN ERBSEN

Traumhotel liebes Rot-Flüh, Seite 44

ZUTATEN FÜR 4 PERSONEN

KALBSFILET

600g Kalbsfilet, geputzt, 2EL Öl, Salz und Pfeffer

KALBSSCHWANZ-RAVIOLI

1kg gehackter Kalbsschwanz, 50ml Öl, je 300g Karotten, Lauch, Sellerie, Zwiebeln, 3TL Tomatenmark, 250ml Rotwein, 1l Kalbsfond, 2 Lorbeerblätter, 3 Wacholderbeeren, 5 Pimentkörner, 10 weiße Pfefferkörner, Rosmarin, Thymian, Salz, Pfeffer

RAVIOLITEIG

250g Weizenmehl (Type 405) oder Spätzlemehl oder Weizendunst (in der Schweiz Chnöpflimehl genannt), 3 Eier (entsprechen 125ml Flüssigkeit), 2EL kalt gepresstes, natives Olivenöl, Hartweizengrieß zum Bestäuben, frisch gemahlenes Meersalz

KALBSKOPFCARPACCIO

500g Kalbskopfmaske, 80g Sellerie, 80g Karotte, 50g Zwiebel, 50g Lauch, 2Stk. Knoblauch, 350ml Weißwein, 2,8l Wasser, 0,9g Xanthana, 1TL Salz, Pfefferkörner, Wacholder, Lorbeer

ZUBEREITUNG

Kalbsfilet mit Salz und Pfeffer würzen, mit Sonnenblumenöl anbraten und anschließend im vorgeheizten Backrohr bei 90°C ca. 30 bis 35 Minuten garen. Danach bei 80°C ca. 5 Minuten ruhen lassen.
Den Kalbsschwanz in heißem Öl goldbraun anbraten, Röstgemüse zugeben und weiterrösten. Tomatenmark hinzufügen, gut vermischen, mit Rotwein ablöschen, etwas reduzieren lassen und mit Brühe aufgießen. Einmal aufkochen lassen und den aufsteigenden Schaum abschöpfen. Gewürze zugeben und bei milder Hitze etwa eine Stunde weich garen. Den Kalbsschwanz herausnehmen, die Sauce durch ein feines Sieb passieren und auf ein Drittel einkochen lassen. In der Zwischenzeit das Fleisch vom Kalbsschwanz auslösen und in kleine Stücke schneiden. Das Fleisch wieder in die Sauce geben und mit Salz und Pfeffer würzen. Ein tiefes Blech mit Klarsichtfolie auslegen und die Masse draufgeben und auskühlen lassen. Danach die Masse herausnehmen und in einen Spritzsack füllen.
Das Mehl in die Schüssel des Rührwerks geben, mit dem Knetarm auf langsamen Touren die Eier stückweise zufügen, dann das Öl zugeben und auf schnellen Touren zu einem geschmeidigen Teig verarbeiten. Aus dem Teig pflaumengroße Stücke schneiden, mit dem Handballen zu einem flachen Rechteck drücken. Den größten Walzenabstand einstellen. Den Teig mit Hartweizengrieß bestäuben und durch die Walzen drehen. Den Walzenabstand jeweils um zwei Stufen verkleinern. Den Teig um 90° drehen und den Vorgang wiederholen, bis der Teig so dünn wie möglich ausgerollt ist und die Stücke gleich groß sind. Die Masse aufspritzen, mit Eigelb bepinseln und mit der zweiten Teigbahn belegen, dann in beliebige Formen ausstechen.
Den Kalbskopf säubern, mit den restlichen Zutaten 2½ Stunden kochen und anschließend 1 Stunde im Fond ziehen lassen. Eine Terrinenform mit Klarsichtfolie auslegen. Kalbskopf in feine Würfel schneiden und in die Form geben. Denn Fond auf 500ml reduzieren, alle festen Bestandteile abseihen. Xanthana einrühren und 2 Minuten durchkochen. Mit denn fertigen Kalbskopfsud auffüllen, leicht anpressen und im Kühlschrank über Nacht Kaltstellen. Am nächsten Tag denn Kalbskopf in dünne Scheiben schneiden und auf Teller anrichten.

REZEPTE

VARIATION VOM ÖTZTALER BERGLAMM MIT RÖSTKARTOFFELN UND SPECKBOHNEN

Gasthof Grauer Bär, Seite 62

ZUTATEN FÜR 4 PERSONEN

LAMMBRATEN UND LAMMRIPPELAN

1 kleiner Lammschlögel, zerteilt, 2 Stück Lammrippelan, schön zugeputzt und von Fett befreit, 2-3 Zweige Thymian, 3 EL Knoblauch, püriert, Salz und Pfeffer, Wasser zum Aufgießen

ZUBEREITUNG

Die Lammschlögelteile und Rippelan mit Knoblauchpaste, Thymian, Salz und Pfeffer rundum einreiben. Dann auf ein tiefes Bratblech setzen und ca. 2 cm hoch mit Wasser füllen. Nun im vorgeheizten Backofen 200 °C Ober-/Unterhitze geben. Nach 15-20 Minuten das Fleisch und die Rippelan wenden, nach weiteren 15-20 Minuten Temperatur auf 110 °C reduzieren. Je nach Größe des Tieres etwa eine Stunde im Ofen lassen. Die Rippelan sind normalerweise etwas früher fertig.

GERÖSTETE LAMMLEBER

200 Gramm feinst geschnetzelte Lammleber, ½ Zwiebel, fein geschnitten, ½ EL Knoblauch, püriert, ½ EL Majoran, Salz und Pfeffer, 100 ml Lammfond oder andere Bratensauce zum Aufgießen

ZUBEREITUNG

Zwiebel in Öl glasig anschwitzen, Knoblauch und Leber dazugeben. Schwingend durchrösten, bis die Leber eine leichte Farbe bekommt. Dann mit dem Fond ablöschen. Majoran, Salz und Pfeffer dazugeben und so lange einkochen lassen, bis die Flüssigkeit leicht sämig ist.

RÖSTKARTOFFELN

750 g speckige Kartoffeln, gekocht und in Scheiben geschnitten, ½ Zwiebel, blättrig geschnitten, 1 kleine Jungzwiebel, fein geschnitten, 1 TL Knoblauch, püriert, Majoran, Salz und Pfeffer

ZUBEREITUNG

Alle Zutaten rösten, so dass sie eine schöne Farbe erhalten.

SPECKBOHNEN

300 g grüne Bohnen, 50 g Bauchspeck, gewürfelt, ½ Zwiebel, gewürfelt, Bohnenkraut, Salz und Pfeffer

ZUBEREITUNG

Grüne Bohnen blanchieren und in eingeschwitzten Speck- und Zwiebelwürfeln durchschwenken. Mit Bohnenkraut, Salz und Pfeffer würzen.

ANRICHTEN

Lammbratenstücke in Scheiben schneiden. Rippelan portionieren. Lammleber in Porzellanschüsseln füllen. Mit den Beilagen anrichten und mit Thymiansafterl übergießen. Dazu Preiselbeeren.

ZWEIERLEI VON DER GAMS AUF KOHLFLECKERL MIT KARTOFFEL-POLSTERN UND WACHOLDERJUS

Top Hotel Hochgurgl, Seite 64

ZUTATEN FÜR 4 PERSONEN

GAMS

4 Stück Gamskoteletts à 80g, 4 Scheiben Tiroler Speck, 300g Gamsrücken, pariert, 4EL Sonnenblumenöl, 1 Schalotte, 1 Rosmarinzweig, Salz, Pfeffer

SAUCE

300g Gamsknochen, 200g Kalbsknochen, 1 Suppengrün, 2 Zwiebeln, 2 Lorbeerblätter, 5 Wacholderbeeren, 1 Rosmarinzweig, 10 Pfefferkörner, 0,5l Zweigelt, 3l Wasser, 2EL kalte Butter, 3 zerstoßene Wacholderbeeren, etwas Öl zum Rösten, 4 Rosmarinzweige zum Garnieren

KOHLFLECKERL

1 Kopf Wirsing, 3 Schalotten, 1 Zehe Knoblauch, 0,2l Schlagobers, Salz, Pfeffer, Muskat, 1EL Butter

KARTOFFELPOLSTER

400g mehlige Kartoffeln, geschält, 1 Eigelb, 120g glattes Mehl, 2EL Butter, Salz, Muskat, 3EL Sonnenblumenöl zum Braten, etwas Mehl zum Formen

ZUBEREITUNG

Für die Gams die Koteletts mit dem Tiroler Speck umwickeln. Den Gamsrücken mit etwas Sonnenblumenöl, der grob geschnittenen Schalotte und dem Rosmarinzweig marinieren. Für den Wacholderjus die Knochen in einem Topf langsam mit dem Öl goldbraun rösten, Öl abgießen, das gewaschene und grob geschnittene Suppengrün kurz mitschwenken, mit 0,4 Liter Rotwein ablöschen und einreduzieren. Mit dem Wasser auffüllen und ca. 3-4 Stunden köcheln lassen, danach passieren.

Den Wirsing gut waschen – den Strunk entfernen – und in ca. 3cm große Rauten schneiden. In Salzwasser nicht zu weich kochen und mit Eiswasser abschrecken.

Die Schalotten und den Knoblauch schälen, in feine Würfel schneiden. In der Butter anschwitzen und den gut abgetropften Wirsing mitschwenken, danach würzen und mit der Sahne cremig einkochen.

Für die Kartoffelpolster die Kartoffeln kochen und durchpressen. Mit den restlichen Zutaten, der flüssigen Butter und Gewürzen einen Teig bereiten, diesen in etwa 2cm dicke Rollen formen. Danach 2cm große Stücke abstechen und auf einem mit Mehl bestäubten Brett zur Seite stellen.

Den Gamsrücken und die Koteletts würzen und in einer heißen Pfanne mit Sonnenblumenöl langsam rundherum anbraten. Das Fleisch herausnehmen, den Rosmarinzweig und die grob geschnittenen Schalotten beigeben und unter oftmaligem Übergießen mit Öl ca. 3-5 Minuten weiterbraten. Danach die Koteletts noch einmal dazugeben und mindestens für 20 Minuten auf den Schalotten mit dem Rücken im vorgewärmten Bratrohr bei ca. 90°C ruhen lassen. Inzwischen den Bratenrückstand mit dem restlichen Wein ablöschen, mit der Grundsauce zur Sauce einkochen. Mit etwas Salz und Pfeffer abschmecken. Kurz vor dem Anrichten mit der kalten Butter und dem zerstoßenen Wacholder vollenden.

In einer Pfanne langsam die Kartoffelpolster mit Butter goldbraun braten und mit etwas Salz und Pfeffer würzen. Nun die Kohlfleckerl in der Mitte des Tellers anrichten, die gebratenen Kartoffelpolster darangeben und zwei Medaillons vom Rücken und ein Kotelett daraufsetzen. Die Sauce rundherum ziehen und mit Rosmarin garnieren.

REZEPTE

ZITRONEN-KRÄUTER-BACKHENDL MIT KARTOFFEL-SPARGEL-SALAT UND BUTTERMILCHREMOULADE

Alpen-Wellness-Resort Hochfirst, Seite 66

ZUTATEN FÜR 4 PERSONEN

BACKHENDL

2 Eier, 2 TL doppelgriffiges Mehl, scharfer Senf, Zitronensaft, Abrieb einer halben unbehandelten Zitrone, ½ TL Salz, ½ TL Pfeffer aus der Mühle, ½ TL Oregano, ½ TL Bohnenkraut, Rosmarin, Thymian, frisch geriebene Muskatnuss, Weißbrotbrösel, Geflügelbrüste, gehäutet, Pflanzenöl zum Backen

ZUBEREITUNG

Eier und Senf zusammen glattrühren und mit ein paar Tropfen Zitronensaft, Zitronenschale, Salz, Pfeffer und den Kräutern würzen. Die Geflügelbrüste schräg in 3-4 Stücke schneiden, mit Salz und Chili würzen und nacheinander zuerst im doppelgriffigen Mehl, dann in der Eiermischung und zum Schluss in der Weißbrotmischung wenden. Die Geflügelstücke in einer Pfanne bei milder Hitze in reichlich Öl von beiden Seiten insgesamt 4-5 Minuten goldbraun ausbacken. Auf Küchenpapier abtropfen lassen und leicht salzen.

BUTTERMILCHREMOULADE

100 g Sauerrahm, 4-5 EL Buttermilch, 2 EL scharfer Senf, Schnittlauch, fein geschnitten, 1 EL Essiggurke, klein gewürfelt, gekochtes Ei (10 Min.), klein gehackt, Zitronensaft, Zucker, Zitronenabrieb, Chili, Salz

ZUBEREITUNG

Sauerrahm mit Buttermilch und Senf vermischen. Schnittlauch, Essiggurken, Ei und Kapern dazugeben. Mit Zitronensaft, Zitronenabrieb, Zucker, Chili und Salz würzen.

KARTOFFEL-SPARGEL-SALAT

700 g festkochende Kartoffeln, Salz, ½ TL ganzer Kümmel, 500 g grüner Spargel, 3 EL Weißweinessig, 350 ml Geflügelbrühe, 1 TL scharfer Senf, 1 Prise Zucker, 1 mittelgroße Zwiebel, 4-5 EL Öl, 1-2 EL braune Butter, Pfeffer aus der Mühle, 2 EL glatte Petersilie (grob gehackt)

ZUBEREITUNG

Die Kartoffeln waschen und in Salzwasser mit Kümmel weichkochen. Die Kartoffeln abgießen, möglichst heiß schälen. In Scheiben schneiden und in eine Schüssel geben. Das untere Drittel des Spargels schälen und die holzigen Enden entfernen. Den Spargel in kochendem Salzwasser bissfest blanchieren, in kaltem Wasser abschrecken. Gut abtropfen lassen und schräg in 1 cm breite Scheiben schneiden.

Essig, Brühe, Senf und Zucker miteinander vermischen. Die Zwiebel schälen, halbieren, in kleine Würfel schneiden und in einer Pfanne bei mittlerer Hitze in 2 EL Öl anschwitzen. Mit der Marinade ablöschen und auf die Kartoffelscheiben gießen. Restliches Öl und flüssige braune Butter unter den Kartoffelsalat mischen und mit Salz und Pfeffer würzen. Zum Schluss Spargel und Petersilie unterheben. Kurz einziehen lassen und nochmals abschmecken.

TAFELSPITZ MIT RÖSTKARTOFFELN, BLATTSPINAT UND APFELKREN

Hotel Edelweiß & Gurgl, Seite 68

ZUTATEN FÜR 4 PERSONEN

TAFELSPITZ

1 Zwiebel, 2 kg Tafelspitz, 6 Scheiben Markknochen (fingerdick), Pfefferkörner, Wacholderbeeren, Lorbeerblatt, 250 g Wurzelwerk, ½ Stange Lauch, Salz

ZUBEREITUNG

Zwiebel halbieren, aber nicht schälen, diese in einer Pfanne mit Fett an den Schnittflächen dunkel bräunen. Fleisch und Knochen kurz mit warmem Wasser waschen, abtropfen lassen. Vier Liter Wasser aufkochen, Fleisch einlegen und schwach wallend kochen, den aufsteigenden Schaum ständig abschöpfen. Sobald kein Schaum mehr aufsteigt, die Gewürze und die Zwiebel zugeben. Wurzelwerk und Lauch putzen und nach ca. zweieinhalb Stunden Garzeit zugeben. Tafelspitz noch eine weitere halbe Stunde köcheln lassen. Den Tafelspitz aus der Suppe heben. Die Suppe durch ein Sieb gießen und mit Salz abschmecken. Tafelspitz gegen den Faserlauf in dünne Scheiben schneiden, in die Suppe legen, nochmals erhitzen.

RÖSTKARTOFFELN

1 kg Erdäpfel mit Schale (Kartoffeln), 200 g Zwiebeln, Salz, Pfeffer aus der Mühle, Majoran, 80 g Butter

ZUBEREITUNG

Die gewaschenen Erdäpfel in Salzwasser kochen, schälen, in Scheiben schneiden. Butter in einer Pfanne erhitzen, würfelig geschnittene Zwiebeln goldgelb rösten, Kartoffeln dazugeben, mit Salz, Pfeffer und Majoran würzen.

APFELKREN

2 Äpfel, 2 gehäufte EL frisch geriebener Kren (Meerrettich), Salz, Zitronensaft

ZUBEREITUNG

Die Äpfel schälen, vierteln, entkernen und weich dünsten. In einen Mixer geben, fein pürieren und mit dem frisch geriebenen Kren, Salz und Zitronensaft abschmecken.

BLATTSPINAT

500 g Blattspinat, geputzt, 100 g Zwiebeln, 50 ml Rindsuppe, Knoblauch, Salz, Pfeffer, Muskatnuss

ZUBEREITUNG

Die fein geschnittenen Zwiebeln und Knoblauch anschwitzen, den Blattspinat dazugeben, mit Rindsuppe aufgießen und einige Minuten weich dünsten.
Mit Salz, Pfeffer und Muskat abschmecken. Den Tafelspitz mit den Röstkartoffeln, Blattspinat, Apfelkren und heller Schnittlauchsauce servieren.

REZEPTE

HEUSCHAUMSUPPE „MONTANA"

Hotel & Restaurant Montana, Seite 86

ZUTATEN FÜR 4 PERSONEN

75g Sellerie, 75g gelbe Rüben, 100g Kartoffeln, ½ Zwiebel, 1 Knoblauchzehe, 900ml Gemüsefond, 4 Hände Heu, 25ml Butterschmalz oder Öl, Salz, Pfeffer, 50ml Milch, 50ml Sahne, 50ml Sauerrahm

ZUBEREITUNG

Das Wurzelgemüse und die Kartoffeln, Zwiebel und die Knoblauchzehe waschen, schälen und in gleichmäßig kleine Würfel schneiden. Den Gemüsefond in einen Kochtopf geben und aufkochen lassen. Das Heu dazugeben und den Herd ausschalten, ca. 5 Minuten nachziehen lassen. Danach den Gemüse-Heufond absieben. Das Butterschmalz/Öl in einem Topf erhitzen. Das vorbereitete Gemüse darin glasig dünsten. Mit Salz und Pfeffer leicht würzen. Anschließend mit Gemüse-Heufond aufgießen und 15 Minuten leicht köcheln lassen. Milch, Sahne und Sauerrahm hinzugeben und alles mit dem Pürierstab fein mixen. Nach Bedarf mit Salz und Pfeffer nachwürzen.

PAZNAUNER HIGHLÄNDER MIT GEMÜSE-PILZ-GRÖSTL

Hotel Trofana Royal, Seite 90

ZUTATEN FÜR 4 PERSONEN

BEIRIEDSCHNITTE

6 Beiriedscheiben à 200g mit Fettrand, scharfer Senf, Worcestersauce, Salz, Pfeffer, Rosmarin, 6 Schalotten, 1 kräftiger Schuss Rotwein, 375ml Kalbsfond, 100g eiskalte Butter

GEMÜSE-PILZGRÖSTL

6 große, festkochende Erdäpfel, 3 Karotten, Salz, Pfeffer, 6 Schalotten, 6 Scheiben Bauchspeck, 1 Zweig Thymian, 1 Zweig Rosmarin, 300g verschiedene Pilze (Steinpilze, Eierschwammerl, Shitake), 150g grüne Bohnen (Kenia-Bohnen)

ZUBEREITUNG

Beiried mit wenig Senf und Worcestersauce bestreichen. 15 Minuten ziehen lassen. Salzen, pfeffern und in die heiße Pfanne legen. Rosmarin beigeben und die Beiriedschnitten auf beiden Seiten insgesamt ca. 6-8 Minuten braten. Danach aus der Pfanne heben und rasten lassen.
In der Zwischenzeit in einer Pfanne die kleinwürfelig geschnittenen Schalotten anrösten, mit einem kräftigen Schuss Rotwein ablöschen und einreduzieren. Mit Kalbsfond aufgießen, einkochen, abseihen und mit eiskalter Butter aufmontieren.
Erdäpfel und Karotten in ½cm breite Stäbchen schneiden. Erdäpfel auf allen Seiten ca. 3 Minuten anbraten. Die Karotten dazugeben, salzen, pfeffern und nach ca. 2 Minuten die geviertelten Schalotten, den Speck und die Kräuter beifügen. Im Rohr bei 180°C weitere 3 Minuten braten. Zum Schluss die geschnittenen Pilze kurz mitrösten und die bissfest gekochten Bohnen darunter schwenken. Vor dem Anrichten die Kräuterzweige entfernen.

REZEPTE

BRENNSUPPE

For Friends Hotel, Seite 32

ZUTATEN FÜR 4 PERSONEN

100 g Butter, 100 g griffiges Mehl, 1 200 ml Hühnerfond oder Rindsuppe, Kümmel, ganz, Salz, Pfeffer, Sahne

ZUBEREITUNG

Butter zerlassen und mit dem Mehl eine Einbrenne erstellen. Anschließend mit dem Hühnerfond oder der Rindsuppe aufgießen und einmal aufkochen. Mit Kümmel, etwas Salz und Pfeffer würzen und einem Schuss Sahne verfeinern.

WIRLER

For Friends Hotel, Seite 32

ZUTATEN FÜR 4 PERSONEN

800 g gekochte Kartoffeln, 2 EL griffiges Mehl, Butterschmalz, Kümmel, ganz, Salz, Pfeffer, Muskatnuss

ZUBEREITUNG

Gekochte Kartoffeln mit einem groben Reibeisen bearbeiten, griffiges Mehl untermengen. In einer Pfanne etwas Butterschmalz erhitzen, die Kartoffelmasse beigeben und auf allen Seiten goldgelb rösten. Mit Salz, Kümmel, ganz, Pfeffer, gemahlen und Muskatnuss würzen und mit frischen Kräutern verfeinern.

REZEPTE

PAZNAUNER REHRÜCKEN IM ROH-SCHINKENMANTEL MIT PREISELBEER-BALSAMICO-SAUCE, EIERSCHWAMMERL-RAVIOLI UND BLAUKRAUT

Top Hotel Sonne, Seite 92

ZUTATEN FÜR 4 PERSONEN

REHRÜCKEN

600g Rehrückenfilet, zugeputzt, 200g Putenbrust,
1 Eiweiß, 50g Sahne, 6 Scheiben Rohschinken,
1 Scheibe entrindetes Toastbrot, Salz, Pfeffer, Cognac

ZUBEREITUNG

Das Rehfilet würzen, kurz anbraten und kalt stellen. Putenbrust faschieren, mit dem Eiweiß cuttern, Sahne und Gewürze sowie das geriebene Toastbrot beimengen und mit etwas Cognac abschmecken. Eine Alufolie mit etwas Trennfett besprühen. Den Rohschinken auslegen, die Putenfarce aufstreichen und das Rehfilet einschlagen. Zu einer festen Rolle verarbeiten und bei 95°C mit einer Kerntemperatur von 52°C in den Ofen schieben.

PREISELBEER-BALSAMICO-SAUCE

100ml Wildjus, Honig, Balsamico, Preiselbeeren, Rotwein

ZUBEREITUNG

Den Honig in einer Pfanne erhitzen, mit Balsamico und Rotwein ablöschen, den Wildjus beimengen und einkochen lassen. Mit etwas Butter montieren oder mit Kartoffelmehl binden, Preiselbeeren und etwas Rotwein hinzugeben.

EIERSCHWAMMERLRAVIOLI

200g Nudelmehl, 1 EL Wasser, 2 Stück Vollei, 3 Stück Eigelb, weiße Brösel zum Binden, 1 EL Olivenöl, Salz, 150g Eierschwammerl, 1 Schalotte, ½ Knoblauchzehe, Petersilie, gehackt, Salz, Pfeffer

ZUBEREITUNG

Für den Teig alle Zutaten miteinander vermengen und kurz rasten lassen. In der Zwischenzeit die Fülle erstellen. Die geschnittenen Eierschwammerl mit der gewürfelten Schalotte in etwas Olivenöl anbraten, mit Knoblauch und den Gewürzen abschmecken. Mit etwas Brösel binden und kaltstellen. Den ausgerasteten Teig ausrollen, mit der Eierschwammerlfülle belegen und zu Ravioli ausstechen. Danach in gesalzenem Nudelwasser einmal kurz aufkochen und ca. 5 Minuten ziehen lassen.

APFELBLAUKRAUT

½ Kopf Blaukraut, 1 kleine Zwiebel, 2 kleine Äpfel, 50g Preiselbeeren, 50ml Rotwein, Balsamico, Orangensaft, Honig, 50g Butter, 1 Gewürzsackerl (Wachholder, Lorbeer, schwarzer Pfeffer), Maizena

ZUBEREITUNG

Das in feine Streifen geschnittene Blaukraut mit den geriebenen Äpfeln, Preiselbeeren, Rotwein und Balsamico sowie etwas Salz und Orangensaft am besten über Nacht marinieren. Die kleine Zwiebel in Butter anschwitzen, mit Zucker karamellisieren lassen und mit etwas Rotwein ablöschen. Das Gewürzsäckchen dazugeben, weich dünsten und nochmals abschmecken. Mit etwas Maizena binden und anrichten.

ZWETSCHKENKUCHEN

Bäckerei Konditorei Kurz, Seite 94

ZUTATEN FÜR 1 KUCHEN

270g Butter, 300g Staubzucker, 530g Mehl, 5 Eier, ¾ Pck. Backpulver, 1½ EL Milch, 1 kg Zwetschken

ZUBEREITUNG

Butter, Staubzucker und Eidotter schaumig rühren. Danach das mit Backpulver versiebte Mehl, die Milch und den steif geschlagenen Schnee langsam unterrühren.

Den Teig auf ein mit Backpapier ausgelegtes oder ein eingefettetes und bemehltes rechteckiges Backblech streichen. Die entsteinten, halbierten Zwetschken darauflegen und bei 180 °C 45 Minuten backen.

KARAMELLISIERTER KUHFRISCHKÄSE, TOMATENCARPACCIO UND WILDKRÄUTERSALAT

Hofkäserei Huber/Hotel Almhof, Seite 96

ZUTATEN FÜR 4 PERSONEN

2 Stück Kuhfrischkäse à 250g aus der Hofkäserei Huber, 80g brauner Zucker, 1 kleine Pelati-Tomate, 120g Rahmdressing, Wildkräutersalat, 100g Balsamico, Olivenöl und Wildkräuter, Kernöl

ZUBEREITUNG

Den Käse in der Mitte flach teilen, mit braunem Zucker bestreuen und mit einem Bunsenbrenner karamellisieren. Die Tomaten in Scheiben auf einem Teller wie Carpaccio anrichten und mit Rahmdressing marinieren. Den Wildkräutersalat waschen, zupfen und mit Kräutern mischen. Mit Olivenöl, Kernöl und Balsamico marinieren, anschließend auf den Tomaten verteilen. Den Käse darauf anrichten.

REZEPTE

STANZER ZWETSCHKENRÖSTER

Brennereidorf Stanz, Seite 98

ZUTATEN FÜR 4 PERSONEN

700g Stanzer Zwetschken, ⅛ l Rotwein, 60g Gelierzucker, 1 Zimtstange, 4 Gewürznelken, 1 TL Vanillezucker, 1 EL Zitronensaft, Rum

ZUBEREITUNG

Zwetschken entkernen (man benötigt 250g entkernte Zwetschken). Wein mit Gelierzucker, Zimt, Nelken, Vanillezucker und Zitronensaft so lange kochen, bis die Flüssigkeit auf die Hälfte der ursprünglichen Menge reduziert ist. Gewürze entfernen, Stanzer Zwetschken und einen kleinen Schuss Rum in die Reduktion geben und alles ein paar Minuten kochen bzw. rösten (die Zwetschken sollten nicht zu weich werden).

SAIBLING AUS DEM OFEN MIT ERBSEN UND PFIFFERLINGEN

Hotel Tannenhof, Seite 100

ZUTATEN FÜR 4 PERSONEN

SAIBLINGSFILET/ERBSE

4 Stück weißfleischiges Saiblingsfilet, entgrätet, Meersalz, Sonnenblumenöl, 100g frische Erbsen aus der Schale, 100ml Olivenöl, Saft und Zesten von einer ½ Zitrone, Fleur de Sel, 1 Eiweiß, 1 Zweig Estragon

ZUBEREITUNG

Ein kleines Blech mit dem Öl und Salz benetzen. Die Filets darauflegen, mit Klarsichtfolie abdecken und bei 80°C für ca. 10 Minuten in den Ofen geben – sie sollten noch glasig bleiben.

Erbsen blanchieren, in Eiswasser geben und aus der Schale nehmen. Mit Olivenöl, Salz, Zitrone marinieren und Estragon dazugeben. 50g der Erbsen mit dem Eiweiß vermengen und mit Olivenöl und Salz zu einer Emulsion mixen.

PFIFFERLINGE/HOLUNDER

100g Pfifferlinge, ½ Schalotte, 8 Blätter Petersilie, 2 Zweige Kerbel, 1 Zweig Estragon, 100ml Olivenöl, Salz, Pfeffer aus der Mühle, 20g Holunderknospen in Salzlake

ZUBEREITUNG

16 Stück der schönsten Pfifferlinge zur Seite geben (Garnitur sautieren und marinieren). Den Rest in Olivenöl ansautieren. Schalotten in feine Würfel schneiden, dazugeben und mit etwas Zitrone ablöschen. Die Masse in feinste Würfel hacken, mit den Kräutern vermengen, mit Salz und gemahlenem Kümmel abschmecken. Ein kleines Tatartürmchen formen (Ausstecher 3cm Durchmesser). Mit Gartenkräutern und den Holunderknospen garnieren.

ROSA RINDERFILET IM SCHWARZBROTMANTEL MIT ROTER BETE UND SAUERRAHM

arlberg1800 Resort, Seite 106

ZUTATEN FÜR 4 PERSONEN

RINDERFILET

1 Rinderfilet (Mittelstück), 1 dunkles Schwarzbrot

ZUBEREITUNG

Das parierte Rinderfilet-Mittelstück der Länge nach halbieren und diese Hälften nochmals längs halbieren, so dass es vier gleich lange Mittelstücke ergibt. Das rohe Fleisch leicht mit Salz und Pfeffer aus der Mühle würzen. Das Schwarzbrot mit einer Brotschneidemaschine in 3-5mm dicke Scheiben schneiden. Die Rinde wegschneiden und mit dem Nudelholz dünn rollen. Auf das gerollte Brot die Hühnerfarce dünn aufstreichen und das gewürzte Rinderfilet einrollen, so dass der Anschnitt vom Brot sich einmal überlappt. Den überstehenden Rest abschneiden. Die Rinderfiletstücke im Backrohr bei 160°C 6 Minuten garen, danach rausnehmen und 5 Minuten ruhen lassen. In einer beschichteten Pfanne das Öl erhitzen und die Rinderfilets kross ausbacken. Dann in Portionen schneiden.

HÜHNERFARCE FÜR RINDERFILET ZUM EINPACKEN

300g Hühnerbrüste, pariert, 200g Vollrahm (35%), 2cl trockener Sherry, 5g Salz, weißer Pfeffer aus der Mühle

ZUBEREITUNG

Die Hühnerbrüste in 5mm große Stücke schneiden und kühl stellen. Vollrahm, Salz und Sherry bereitstellen. Die gekühlten Fleischwürfel mit Salz und Vollrahm im Cutter mixen. Die Farce in eine Chromstahlschüssel geben. Im Eiswasserbad abrühren und mit dem restlichen Vollrahm aufmontieren. Die Farce durch ein nicht zu feines Haarsieb streichen und mit trockenem Sherry abschmecken. Mit Salz und weißem Pfeffer aus der Mühle vollenden.

BEILAGE

1 Tasse Baby-Randen, 1 Becher Sauerrahm, 1 Msp. Xanthana, Salz, Pfeffer, Zitronensaft

ZUBEREITUNG

Baby Randen schälen oder nach Wunsch tournieren. Am besten in einem Sud aus Kümmel, Himbeeressig und Wasser weich kochen. Den Sauerrahm mit Xanthana, Salz, Pfeffer und Zitronensaft verrühren, abschmecken und in einen Spritzbeutel füllen.

ZUTATEN

Rote-Bete-Nudelblatt, 350g Hartweizengrieß, 350g Mehl, 200g Rote-Bete-Püree, 3 Eier, 2 Dotter, 3EL Olivenöl, 1TL Salz

ZUBEREITUNG

Mehl und Hartweizengrieß zu einem Kranz formen. Rote Bete mit den Eiern und den Dottern vermengen und die Masse mit dem Olivenöl in die Kranzmitte geben. Von Hand mindestens 10 Minuten zu einem sehr festen, glatten und elastischen Teig kneten. Den Teig zugedeckt im Kühlschrank 1 Stunde ruhen lassen. Nudelteig hauchdünn ausrollen (während des Ausrollens immer wieder mit Hartweizengries bestreuen). Die ausgerollten Teigbänder mit einem Messer und Lineal in Rechtecke schneiden. Nudel-Rechtecke im kochenden Salzwasser al dente kochen. Nudeln abschütten und in Butter oder Olivenöl kurz schwenken und abschmecken.

ANRICHTEN

Das gekochte Nudelblatt in die Mitte des Tellers legen, das portionierte Rinderfilet daraufsetzen und mit den gekochten Baby-Randen garnieren. Mit dem Sauerrahm Punkte spritzen und mit Kapuzinerkresse Blättern, dunkler Jus sowie Fleur de Sel nach eigenem Geschmack abrunden.

ADRESSVERZEICHNIS

A

ALPEN-WELLNESS-RESORT HOCHFIRST *66*
Familie Karl Fender
Gurglerstraße 123
A-6456 Obergurgl
Telefon 00 43 (0) 52 56 / 6 32 50
info@hochfirst.com
www.hochfirst.com

ARLBERG1800 RESORT *106*
Florian Werner
St. Christoph 1
A-6580 St. Anton am Arlberg
Telefon 00 43 (0) 54 56 / 26 11
info@arlberg1800.at
www.arlberg1800.at

B

BÄCKEREI KONDITOREI KURZ *94*
Hannes und Sandra Kurz
Dorfstraße 53
A-6561 Ischgl
Telefon 00 43 (0) 54 44 / 52 11
Dorfplatz 44
A-6563 Galtür
Telefon 00 43 (0) 54 43 / 83 02
office@baeckerei-kurz.at
www.baeckerei-kurz.at

BRENNEREIDORF STANZ *98*
Obmann Markus Auer
Stanz 171
A-6500 Stanz bei Landeck
Telefon 00 43 (0) 6 76 / 5 35 00 53
info@brennereidorf.at
www.brennereidorf.at

C

CAFÉ 3.440
RESTAURANT KRISTALL
SUNNA ALM *74*
Pitztaler Gletscherbahn & Rifflsee
A-6481 St. Leonhard im Pitztal
Telefon 00 43 (0) 54 13 / 8 62 88
pitztal@tirolgletscher.com
www.tirolgletscher.com

CAFE UND HOTEL CENTRAL *20*
Gilmstraße 5
A-6020 Innsbruck
Telefon 00 43 (0) 5 12 / 59 20
office@central.co.at
www.central.co.at

D

DER PITZTALER KIRCHENWIRT *72*
Markus Schütz
Plangeross 10
A-6481 St. Leonhard
Telefon 00 43 (0) 54 13 / 8 62 15
hotel@kirchenwirt-pitztal.at
www.kirchenwirt-pitztal.at

F

FISSER BERGGASTRONOMIE *88*
GENUSSGONDEL
CRYSTAL CUBE.
BERGDIAMANT
ZIRBENHÜTTE
MÖSERALM
SCHÖNGAMPALM
Seilbahnstraße 44
A-6533 Fiss
Telefon 00 43 (0) 6 76 / 7 33 35 16
gastro@bergbahnen-fiss.at
www.serfaus-fiss-ladis.at

FOR FRIENDS HOTEL *32*
Wolfgang Eder
Am Wiesenhang 1
A-6100 Mösern
Telefon 00 43 (0) 52 12 / 2 03 00
talk-to@for-friends-hotel.at
www.for-friends-hotel.at

G

GASTHOF GRAUER BÄR *62*
Familie Gstrein
Dorfstraße 172
A-6450 Sölden
Telefon 00 43 (0) 52 54 / 25 64
info@grauer-baer.com
www.grauer-baer.com

H

HOFKÄSEREI HUBER *96*
HOTEL ALMHOF
Hermann Huber
Wirl 4
A-6563 Galtür
Telefon 00 43 (0) 6 64 / 2 53 35 43
almhof@huber-hotels.at
www.huber-hotels.at

HOTEL EDELWEISS & GURGL *68*
Lukas Scheiber
Ramolweg 5
A-6456 Obergurgl
Telefon 00 43 (0) 52 56 / 62 23
info@edelweiss-gurgl.com
www.edelweiss-gurgl.com

HOTEL POST *110*
Familie Alber
Walter-Schuler-Weg 2
A-6580 St. Anton am Arlberg
Telefon 00 43 (0) 54 46 / 2 21 30
info@hotel-post.co.at
www.hotel-post.co.at

HOTEL POST *70*
Familie Pirpamer & Moser
Venter Straße 47
A-6458 Vent
Telefon 00 43 (0) 52 54 / 81 19
info@vent-hotel-post.com
www.vent-hotel-post.com

HOTEL RITZLERHOF *60*
Christoph Marti
Ritzlerhof 1
A-6432 Sautens
Telefon 00 43 (0) 52 52 / 6 26 80
info@ritzlerhof.at
www.ritzlerhof.at

HOTEL-RESTAURANT DIANA *28*
Stephan und Katrin Öfner
Klosterstraße 97
A-6100 Seefeld
Telefon 00 43 (0) 52 12 / 20 60
info@hotel-diana.at
www.hotel-diana.at

HOTEL & RESTAURANT MONTANA *86*
Ivana und Jürgen Rietzler
Latschthayaweg 10
A-6533 Fiss
Telefon 00 43 (0) 54 75 / 64 35
willkommen@montana-fiss.at
www.montana-fiss.com

HOTEL SCHWARZER ADLER *104*
Franz Tschol
Dorfstraße 35
A-6580 St. Anton am Arlberg
Telefon 00 43 (0) 54 46 / 2 24 40
hotel@schwarzeradler.com
www.schwarzeradler.com

HOTEL TANNENHOF *100*
Axel Bach und Judith Volker
Nassereinerstraße 98
A-6580 St. Anton am Arlberg
Telefon 00 43 (0) 54 46 / 3 03 11
info@hoteltannenhof.net
www.hoteltannenhof.net

HOTEL TROFANA ROYAL *90*
Alexander von der Thannen
Dorfstraße 95
A-6561 Ischgl
Telefon 00 43 (0) 54 44 / 6 00
office@trofana.at
www.trofana.at

HOTEL UND GASTHOF HIRSCHEN *58*
Hannes und Edith Staggl
Thomas-Walch-Straße 3
A-6460 Imst
Telefon 00 43 (0) 54 12 / 69 01
info@hirschen-imst.com
www.hirschen-imst.com

HOTEL QUELLENHOF LEUTASCH *36*
Emmerich Mitterhuber
Weidach 88
A-6105 Leutasch bei Seefeld
Telefon 00 43 (0) 52 14 / 6 78 20
info@quellenhof.at
www.quellenhof.at

ADRESSVERZEICHNIS

L

LANDHOTEL HOHENFELS *42*
Wolfgang und Monika Radi
Kreuzgasse 8
A-6675 Tannheim
Telefon 00 43 (0) 56 75 / 6 28 60
info@hohenfels.at
www.hohenfels.at

LECHTALER HAUSSEGEN EDELBRÄNDE *48*
Mario Huber und Melanie Haider
Dorf 52
A-6652 Elbigenalp
Telefon 00 43 (0) 6 76 / 3 44 34 22
info@lechtaler-haussegen.at
www.lechtaler-haussegen.at

M

MAASS BRAND *84*
Gerhard Maass
Obergasse 10a
A-6522 Prutz
Telefon 00 43 (0) 54 72 / 22 81
maass@aon.at
www.maass-brand.at

N

NATURHOTEL LECHLIFE *46*
Manfred und Karin Kühbacher
Holz 1A
A-6610 Wängle
Telefon 00 43 (0) 56 72 / 6 42 34
info@lechlife.at
www.lechlife.at

NATURWIRT *38*
Monika Klimitsch
Gasse 190
A-6105 Leutasch
Telefon 00 43 (0) 52 14 / 2 01 82
info@naturwirt.at
www.naturwirt.at

O

ORANGERIE STIFT STAMS *56*
Hannes und Michaela Neurauter
Stiftshof 7
A-6422 Stams
Telefon 00 43 (0) 52 63 / 2 02 08
info@orangeriestams.at
www.orangeriestams.at

P

POST GASTHOF GEMSE *82*
Josef Haueis
Hauptplatz 1
A-6511 Zams
Telefon 00 43 (0) 54 42 / 6 24 78
haueis@aon.at
www.postgasthof-gemse.at

R

RESTAURANT WOODFIRE STEAK & MORE IM HOTEL GRAUER BÄR *22*
Klaus Stiebleichinger
Universitätsstraße 5-7
A-6020 Innsbruck
Telefon 00 43 (0) 5 12 / 5 92 47 57
info@woodfire.at
www.woodfire.at

RESTAURANT & BAR DIE MÜHLE *26*
Tamer Kacar
Gärberbach 2 (Brenner Bundesstraße)
A-6020 Innsbruck
Telefon 00 43 (0) 5 12 / 57 01 63
info@die-muehle.at
www.die-muehle.at

ROMANTIK-HOTEL SPIELMANN 40
Familie Spielmann
Wettersteinstraße 24
A-6632 Ehrwald
Telefon 00 43 (0) 56 73 / 2 22 50
info@hotel-spielmann.com
www.hotel-spielmann.com

S

SOLOVINO/SOLOPASTA 24
Ferdinando Martinelli
Universitätsstraße 15B
A-6020 Innsbruck
Telefon 00 43 (0) 5 12 / 58 72 06
info@solovino.info
www.solovino.info

T

TOP HOTEL HOCHGURGL 64
Familie Scheiber
Hochgurglerstraße 8
A-6456 Hochgurgl
Telefon 00 43 (0) 52 56 / 62 65
tophotel@hochgurgl.com
www.tophochgurgl.com

TOP HOTEL SONNE 92
Sonja und Peter Zangerl
Dorfstraße 57
A-6561 Ischgl
Telefon 00 43 (0) 54 44 / 53 02
office@sonne-ischgl.at
www.sonne-ischgl.at

TRAUMHOTEL LIEBES ROT-FLÜH 44
Sonja Huber
Seestraße 26
A-6673 Haldensee/Grän
Telefon 00 43 (0) 56 75 / 6 43 10
traumhotel@rotflueh.com
www.rotflueh.com

W

WOODS KITCHEN & BAR 30
Julien Loijson und Mitchy Bron
Klosterstraße 120
A-6100 Seefeld
Telefon 00 43 (0) 52 12 / 5 32 10
julien@woods-seefeld.at
www.woods-seefeld.at

REZEPTVERZEICHNIS

B

BRENNSUPPE *139*

BUCHWEIZENTORTE *129*

BURRITO MIT BOHNENFÜLLUNG UND THYMIANCHAMPIGNONS *132*

C

CARPACCIO VOM BIORIND MIT HAUSGEMACHTER TRÜFFELMAYONNAISE, RUCOLA UND PARMESAN *130*

D

DUETT VOM KRÄUTERFERKEL *121*

G

GAMSRÜCKEN UNTER KRÄUTERKRUSTE, FRISCHE STEINPILZE UND KÜRBISSPÄTZLE *126*

GEDÜNSTETES RAGOUT VOM TIROLER HIRSCH *130*

GEGRILLTES RINDERFILET *115*

GESULZTER TAFELSPITZ MIT WURZELGEMÜSE *129*

H

HEUSCHAUMSUPPE „MONTANA“ *138*

HIRSCHRAGOUT MIT APFELROTKRAUT UND SPÄTZLE *124*

K

KALBSFILET UND KALBSKOPFCARPACCIO MIT KALBSSCHWANZ-RAVIOLI UND JUNGEN ERBSEN *133*

KARAMELLISIERTER KUHFRISCHKÄSE, TOMATENCARPACCIO UND WILDKRÄUTERSALAT *141*

KNUSPRIGER SCHWEINESCHWANZ AUF MEDITERRANEM GEMÜSE *122*

KRAMAT JULEP *132*

L

LAMMNÜSSCHEN IN KRÄUTERN AUF GRAUPENGEMÜSE UND KARTOFFELCHIPS *119*

M

MEZZE LUNE TERRA E MARE *114*

P

PAZNAUNER HIGHLÄNDER MIT GEMÜSE-PILZ-GRÖSTL *138*

PAZNAUNER REHRÜCKEN IM ROHSCHINKENMANTEL MIT PREISELBEER-BALSAMICO-SAUCE, EIERSCHWAMMERLRAVIOLI UND BLAUKRAUT *140*

R

REH, MARILLE, STEINPILZE *118*

RINDERFILET UND -RIPPE MIT SELLERIEPÜREE UND LIEBSTÖCKELEMULSION *123*

ROSA GEBRATENER KALBSTAFELSPITZ MIT TRÜFFELÖLPÜREE UND MARKTGEMÜSE *117*

ROSA RINDERFILET IM SCHWARZBROTMANTEL MIT ROTER BETE UND SAUERRAHM *143*

S

SAIBLING AUS DEM OFEN MIT ERBSEN UND PFIFFERLINGEN *142*

SELFNESS SCHMANKERL TELLER *128*

STANZER ZWETSCHKENRÖSTER *142*

T

TAFELSPITZ MIT RÖSTKARTOFFELN, BLATTSPINAT UND APFELKREN *137*

THUNFISCHTATAKI MIT MENTZUYU BEURRE BLANC *125*

TIROLER BAUERNGRÖSTEL MIT WACHTELEI *120*

V

VARIATION VOM ÖTZTALER BERGLAMM MIT RÖSTKARTOFFELN UND SPECKBOHNEN *134*

W

WACHTELN MIT TAPIOKA, CHORIZO UND ZWEIERLEI EIERSCHWAMMERL *131*

WIENERSCHNITZEL MIT KARTOFFELSALAT *127*

WIRLER *139*

Z

ZARTES FILET VOM MILCHLAMM MIT THYMIAN-JUS UND BUNTEM MARKTGEMÜSE *116*

ZITRONEN-KRÄUTER-BACKHENDL MIT KARTOFFEL-SPARGEL-SALAT UND BUTTERMILCHREMOULADE *136*

ZWEIERLEI VON DER GAMS AUF KOHLFLECKERL MIT KARTOFFELPOLSTERN UND WACHOLDERJUS *135*

ZWETSCHKENKUCHEN *141*

Besondere Adressen für Sie entdeckt

Donau – von Passau bis Krems
200 Seiten, Hardcover
978-3-86528-459-4

Elsass – l' Alsace
272 Seiten, Hardcover
978-3-86528-557-7

Mecklenburg-Vorpommern
368 Seiten, Hardcover
978-3-86528-460-0

Ortenau
144 Seiten, Hardcover
978-3-86528-437-2

Schätze zwischen Isar und Lech
128 Seiten, Hardcover
978-3-86528-852-9

Schätze Bodensee und Oberschwaben
192 Seiten, Hardcover
978-3-86528-556-9

Baden-Baden und Ortenau
136 Seiten, Hardcover
978-3-86528-461-7

Hamburg
160 Seiten, Hardcover
978-3-86528-455-6

Bestes Handwerk Niederbayern
160 Seiten, Hardcover
978-3-86528-465-5

Genussvolles München
160 Seiten, Hardcover
978-3-86528-515-7

Raum & Design München
184 Seiten, Hardcover
978-3-86528-546-1

Faszination Welterbe Deutschlands Norden
256 Seiten, Hardcover
978-3-86528-545-4

IMPRESSUM

RECHERCHE
Barbara Kagerer, München

TEXTE
Barbara Kagerer, München

Barbara Kagerer ist Fachautorin für Essen und Trinken, Kulinaria, Gastronomie und Hotellerie. Für den Umschau-Verlag hat sie erfolgreich mehrere Kulinarische Entdeckungsreisen verfasst. Als Fachjournalistin schreibt sie über Esskultur für Zeitungen und Magazine. Sie ist Mitglied im Bayerischen-Journalisten-Verband und im Internationalen Presseclub München.

REDAKTIONELLE BERATUNG
Alfred Brems

FOTOS
Daniel Schvarcz, München
www.d-s-photo.com

LEKTORAT, GESTALTUNG,
PRODUKTION UND LITHOGRAFIE
Kaisers Ideenreich, Neustadt an der Weinstraße
www.kaisers-ideenreich.de

KORREKTORAT
Andreas Lenz, Heidelberg
www.lektorat-lenz.de

KARTE
Thorsten Trantow, Herbolzheim
www.trantow-atelier.de

DRUCK UND VERARBEITUNG
NINO Druck GmbH, Neustadt an der Weinstraße
www.ninodruck.de

Printed in Germany

ISBN: 978-3-86528-878-3

Besuchen Sie uns im Internet:
www.umschau-buchverlag.de

Barbara Kagerer

Wir bedanken uns für die freundlicherweise zur Verfügung gestellten Fotos bei:
Seite 18, unten links: Radoslav Kellner
Seite 32; 35, unten: For Friends Hotel
Seite 39, oben und Mitte: Naturwirt
Seite 40: Romantik-Hotel Spielmann
Seite 47, Mitte und unten: Naturhotel LechLife
Seite 59, Mitte und unten: Hotel und Gasthof Hirschen
Seite 63, Mitte: Gasthof Grauer Bär
Seite 65, unten rechts: Top Hotel Hochgurgl
Seite 66–67; 136: Alpen-Wellness Resort Hochfirst
Seite 68; 69, oben, unten und Mitte links; 137:
Hotel Edelweiß & Gurgl
Seite 74; 75 unten: Pitztaler Gletscherbahn
Seite 78: Netzer Johannes – Fotolia.com
Seite 79, oben rechts: hebi101288 – Fotolia.com
Seite 79, unten rechts: by paul – Fotolia.com
Seite 80, unten links: Netzer Johannes – Fotolia.com
Seite 81: Netzer Johannes – Fotolia.com
Seite 87, Mitte links: Hotel & Restaurant Montana
Seite 89: Fisser Berggastronomie
Seite 91, oben und Mitte links/rechts; 138 rechts:
Hotel Trofana Royal
Seite 92; 93, unten: Top Hotel Sonne
Seite 99, oben; Seite 142, links: Brennereidorf Stanz
Seite 106; 107, Mitte; 109, 2 Fotos Mitte: arlberg1800 Resort
Seite 111, 2. Bild von oben: Hotel Post